USA 美国科学书架

★ 化学世界 ★
THE NEW CHEMISTRY

改变地球的化学
CHEMISTRY OF THE ENVIRONMENT

[美] 大卫·E. 牛顿/著
陈松/译

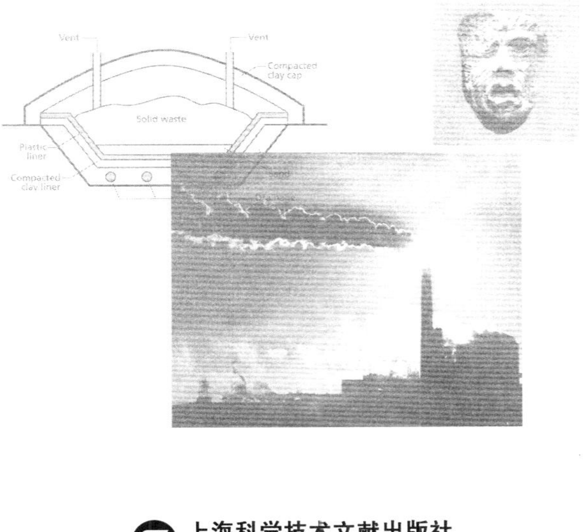

上海科学技术文献出版社
Shanghai Scientific and Technological Literature Press

图书在版编目（CIP）数据

改变地球的化学 /（美）牛顿著; 陈松译．—上海：上海科学技术文献出版社，2014.6

（美国科学书架：化学世界系列）

书名原文：Chemistry of the environment

ISBN 978-7-5439-6128-9

Ⅰ．① 改… Ⅱ．①牛…②陈… Ⅲ．①中学化学课—课外读物 Ⅳ．① G634.83

中国版本图书馆 CIP 数据核字（2014）第 008062 号

图字：09-2014-108

总 策 划：梅雪林

项目统筹：张　树

责任编辑：张　树　于玲玲

封面设计：一步设计

技术编辑：顾伟平

改变地球的化学

[美] 大卫·E. 牛顿　著　陈　松　译

出版发行：上海科学技术文献出版社

地　　址：上海市长乐路 746 号

邮政编码：200040

经　　销：全国新华书店

印　　刷：常熟市人民印刷厂

开　　本：650×900　1/16

印　　张：15

字　　数：167 000

版　　次：2014 年 6 月第 1 版　2016 年 11 月第 2 次印刷

书　　号：ISBN 978 - 7 - 5439 - 6128 - 9

定　　价：28.00 元

http://www.sstlp.com

目录

前言

中学基础化学课所讲授的内容多半相对陈旧，而且学校之间在内容上大同小异。学生所学的不外乎以下几个方面的内容：原子理论、化学元素周期表、离子和共价化合物、化学方程式书写方法、化学计量以及液体等。对于那些有意在化学和其他科学领域继续攀登的学生来说，这些知识是他们前进的基础和根本。虽然课堂上老师能够准确地突出重点，但是，通常教师向学生传授的只是化学领域浩如烟海的研究成果中有限的部分。多数无意在化学或科学领域驻足的学生也能够通过化学获取有趣的知识，获知化学对他们日常生活方方面面所带来的最直接的影响。确实如此，那些主修科学的学生能够受益于这样的专业。

“化学世界”系列丛书共6册，力求带领读者纵览化学领域的最新资讯，而不拘泥于课本的条条框框。这6册书分别是：《防治疾病的化学》、《神奇的化学》、《福尔摩斯的化学》、《改变地球的化学》、《能吃的化学》以及《星际间的化学》。丛书内容新颖、覆盖面广，从化学最基本的问题，诸如物质和宇宙的起源，到实际生活中的化学，例如食品和药品的构成，都有涉及。之所以选择“化学世界”作为丛书名，是因为本丛书囊括了化学领域最新、最尖端的科研成果。丛书面向中学生，因为他们已经通过在校学习掌握了一定的化学基础。丛书中大部分的内容可以为具有基础化学知识的人所理解，还有少部分内容需要在掌握化学最新的尖端研究之后才能够领悟。

丛书的每一册都相对独立，各成体系。因此，读者可以从中任意选择进行阅读和学习。为帮助读者更好地理解书中的内容，每一册书都附有重要人物简短的生平介绍。

阅读提示

《改变地球的化学》这本书主要关注的是化学在解决环境问题的过程中所扮演的重要角色，其中包括空气污染、水污染、固体废料和垃圾污染的内容以及“绿色化学”中相关新领域的介绍。“污染”这个词指的是那些向环境中排放有毒有害物质的行为，而这些行为通常都是由于人类活动而产生的。最常见的污染的例子包括工业生产所产生的浓烟，伴随燃料的燃烧而产生并排放到空气中的二氧化碳与其他气体，被雨水冲刷带走的地面的淤泥与沉积物，以及倾倒在地面上的垃圾等等。

也许在数千年以前，当篝火燃烧产生的滚滚浓烟第一次在穴居生活的原始人的家里肆意蔓延的时候，人们就已经在思考解决污染问题了。但是千百年过去了，在人类历史的大部分时间里，污染只是被简单地理解为个人与社会在生产生活中一直存在又无法避免的问题，人们只有被动地去接受它。生活在大都市里的居民也许并不希望看到自家门前的道路上流淌着未经处理的生活污水，但是他们并没有能力改变这样的状况。与此同时，在大多数时候，统治者与政府也对这样的问题漠不关心或是无能为力。

然而，随着18世纪早期工业革命的兴起，污染问题却变得越来越突出，越来越重要。在那个时期，伴随工业生产而产生的大量污染物被排放到周围的环境中，人们根本没有尝试去确定或是去控制这些污染物对动物、植物以及人类生活所产生的负面影响。谈起那时的大英帝国强大的国家实力时，人们总是会很自然地联想到长年弥漫在帝国城市上空无法消散的滚滚浓烟和被烟尘浸染的片片乌云。在工业进步给很多人带来空前的财富与更多就业机会的同时，伴随人类千百年的空气污染和水污染等问题也比以前严重了无数倍，给几乎所有的人都带来了糟糕的环境。

直到20世纪的后50年，科学家、政府和广大民众才开始把目光投向工业废料对生物健康所产生的严重影响，进而颁布了一系列控制各种形式污染的法律。在人们对环境问题的新认识中很重要的一个内容，就是认识到化学对理解污染的成因、污染物的性质以及控制污染可能采取的措施所具有的重要作用。在人类历史中，这也许是社会第一次将解决污染问题的决心与用来达到这一目的的技术知识融汇在一起。写这本书的最初目的，就是想对目前化学家们所研究出的可供现代社会理解并对解决污染问题有所帮助的资料进行一个概括和总结。

《改变地球的化学》这本书，一开始对人类社会的污染问题进行了历史回顾，介绍了人类不得不面对的一些污染问题，还为读者展示了社会进步与环境污染之间纠缠不清永远解决不了的矛盾。在接下来的内容中，笔者探讨了现代环境运动的发展，这一运动的特色不仅仅来自它对现代社会面临的污染问题所作出的客观评价，还来自它对用来解决这些问题的一般科学方法和特殊化学方法的深刻理解。

许多历史学家考证，这一运动兴起于1970年4月22日，那天在美国举行了第一个世界地球日的纪念活动。面对身边自然环境所遭受的破坏，参与这一活动的大批民众清楚地认识到，他们不能再这样袖手旁观下去了。他们要求政府采取更有针对性、更加切实有效的措施，让人们能够更透彻地理解环境破坏的本质，从而控制或保护正在遭受破坏的土地资源、水资源和大气资源。

在过去的岁月中，我们的社会在环境问题上的进步有目共睹。在人类社会发展的大部分时间里，这些问题在我们的日常生活中曾经被人们轻易地忽略，而现在它们正在被人们彻底地研究着、更加透彻地理解着，也更加有效地得到了解决。产生这一进步的一大原因就是化学领域中新的分支学科——环境化学的迅速发展。环境化学家研究造成大气、土地和水污染的元凶及其来源，它们在环境中经历的变化，它们对人类健康和环境造成的影响以及缓解这种影响的方法。

《改变地球的化学》这本书大致介绍了大气、水与固体废料污染的化学本质，污染物质的生物、化学与物理影响，以及可以用来控制不同种类污染的方法。除了介绍纯科学的知识以外，这本书还对一些与环境问题相关的社会、政治、经济、法律和其他问题的历史背景与内容做了简要的介绍。科学中任何一个领域的发展都不可能抛开历史、社会或者政治而单独产生，环境化学也不例外。它们通常都包含某些历史背景，常常是人们在解决社会问题的过程中所产生的。在化学（与其他科学）领域进步发展的大多数案例中，总体来说是循序渐进地向社会提出一些新的挑战与问题。这本书认识到了应将环境化学的进步放在一个更加广阔的社会背景中讨论的事实，不管在哪里，这样的研究方法都是必要或有效的。

在当今社会，环境化学所涉足的领域变得如此之广阔，一些基础理论都被吸纳到了这一迷人的学科中来。

一
通往地球日之路

“凯霍加河着火了！”

1969年6月22日，正当俄亥俄州克里夫兰市的居民们准备坐下来享受他们星期日的家庭晚餐时，这一句听上去完全不可能的警报突然划破了这座城市宁静的夜空。在长达20多分钟的时间里，大火在克里夫兰的主河道、位于闹市区东南方的凯霍加河的水面肆虐着。虽然在3个陆上消防队与城市的安东尼奥·J.切莱布雷泽消防船的合力扑救下，大火很快就被扑灭了，但是大火对诺福克与西部铁路桥造成了严重的破坏，并对纽堡与南海岸铁路桥造成了轻微的损害。与公众通过第二天的报纸刊登的城市内主要河流着火照片而想象出的损失相比，实际大约为5万美元的经济损失并没有想象中那么严重。火灾发生之后不久，人们就将矛头指向了越来越大量的倾倒入河水里的挥发性石油废料。

更令人奇怪的是，1969年发生的这场火灾并不是凯霍加河第一次遭受大火的袭击了。回顾历史我们可以发现,早在1936年就发生了这样一次火灾,当时那场大火对桥梁与河岸上的设备单位等造成了超过100万美元的经济损失。而与此前发生大火之后不同,1969年的这场火灾,使得政府官员与普通民众越来越深刻地认识到环境问题的重要性,开始把环境问题当做他们日常生活问题中的一部分了。确实,在凯霍加河大火发生之后,克里夫兰市已经投入了1亿多美元来支持河流清洁以及建设水处理设备的工程。

正如本章后面将提到的一样,从某种意义上来说,1969年的凯霍加河大火其实并不是什么新鲜事。虽然一条河着火的事情并不常见,但是长久以来,人类对烟雾弥漫的天空、漂浮着动物尸体的河流、泛滥着人类排泄物的排水沟以及很多其他形式的污染早已经见怪不怪了。唯一不同的是,20世纪60年代的美国人决心再也不能接受这样的情况,再也不能把这样的情况当做是无能为力的事情。他们开始要求采取行动来保护人类的健康与自然环境,要与这些伴随他们祖先生活了几个世纪的空气、水和土地污染作斗争。当污染从一个被我们日常生活所接受的事实变成一个要求政府与个人采取行动制止的现象,我们的世界究竟从中得到了什么?

人类历史上的污染问题

污染问题并不是当代社会才有的一个新现象。事实上,每一个人类文明流传的历史故事都显示出人类对处理自己产生的废弃物所惯有的漫不经心的态度。一直到最近几十年，还有很多人直接将废弃物倾倒在最近的河流和湖泊、露天的大坑或是周围的空气中，丝毫没有考虑过这些废弃物对周围的植物、动物和他们自己的生命可能产生的影响。

当大片空旷的土地上只有一小部分人类活动时，这样的行为造成的损害是微乎其微的。例如，中世纪法国乡间的一个小村庄中，居民产生的固体、液体和气体废料并不太可能对周围的环境造成严重的、长期的损害。直到20世纪中期的美国乡村还流传着这样的谚语："水流十步自清"（或是"百码"、"一里"之类的）。但是随着城市面积的扩大，人们互相之间住得越来越靠近，这种行为积累起来的负面影响越来越严重,人类再也不能仅仅依赖于流水或是自然界其他部分的自净功能净化环境了。

最早记录的关于环境污染特别是空气污染的抱怨大约是在公元前900年，在埃及法老图库尔提宁（Tukulti）记录他去巴比伦访问的感受中被提及。

他描述了从希特（Hit）镇附近的沥青矿中所散发出来的让人作呕的气味，他说这片地区的污染就像从泥土中发出的"上帝的声音"。图库尔提宁所抱怨的气体主要是硫化氢和二氧化硫，它们会散发和腐烂的臭鸡蛋与燃烧的火柴相似的特殊臭味，这些气体是人们将沥青从地下抽取出来时所散发出来的。

尽管有图库尔提宁的亲身经历，但是造成历史上大多数空气污染的主要原因一直是木头与煤炭的燃烧，特别是在拥挤的城市社区中。例如罗马的大街小巷，就由于它们糟糕且烟雾弥漫的特点而臭名昭著，而造成这种状况的罪魁祸首就是成千上万燃烧着的木柴与煤炭。公元61年，罗马哲学家塞内加（Seneca）描写了这些污浊的空气是怎样影响到他的心情的：“我只要一从罗马室外沉重的空气和从冒着浓烟的烟囱里散发出来的臭味里离开，”他写道：“……我就因此而感到自己的心情顿时都改变了。”

现存的很多关于空气污染的有意思故事大都来自大不列颠帝国。例如1157年，亨利二世国王（King Henry Ⅱ）的妻子埃莉诺请求国王搬离诺丁汉的塔德伯里城堡（Tudbury Castle），其原因就是因为这个地区木柴燃烧所造成的空气污染已经到了让人无法忍受的程度了。英国最早曾经实施了一些限制或禁止燃烧木柴和煤炭的法律，试图减少对空气的污染。例如在1306年，爱德华一世国王（King Edward Ⅰ）禁止人们燃烧煤炭，他宣布：“只要被发现违法燃烧煤炭的人一律要杀头。”他之后的国王们试图以更加人性化更加温和的方式来执行这条禁令，他们通常会选择对燃烧煤炭的个人或单位征收燃煤税，以限制煤炭的燃烧。

在此后的6个世纪里，英国的作家们还在不停地描述着笼罩在伦敦和英国其他大都市上空黑暗而浓重的空气。直到17世纪，科学家、物理学家以及其他关心此事的市民们一直在研究造成空气污染的原因、空气污染造成的影响并且提出一些改进环境问题的具体措施。例如1661年，一个名叫约翰·伊夫林（John Evelyn）的政府小官员写了一本标题为《防烟》（*Fumifugium*）的描述伦敦污浊空气的小册子，他希望借着这本书引起国王查尔斯二世（King Charles Ⅱ）的注意。伊夫林解释他写这本小书的目的，就是为了展示“这一致命的麻烦（指空气污染）是如何可能被改善的；同时还介绍了使用什么方法可以不仅使老人们能从这种不便的生活中解脱出来，而且还能使国王的王宫以及整个城市成为这个世界上最温馨最美好的住所”。

伊夫林接下来介绍了使用焦炭来代替煤炭生火取暖，在城市周围建造被保护的绿化带，将所有工业生产单位驱逐到绿化带以外，以及建造更加高的烟囱使得烟雾可以被排放到更高的高空等一系列方法措施。

其他的发达国家也一直与同样的问题进行着斗争，但是在那些公告、法律或者规则（就像伊夫林的那些提议）中，没有一条能够对缓解伦敦以及其他大城市所遭受的慢性空气污染产生长期的效果。恰恰相反，空气污染问题与过去几个世纪相比变得越来越严重，其中很大一个原因是因为工业革命——这一从18世纪晚期开始的工业大发展时期。

工业革命在生产系统中掀起了三大的变革，使得原本以人力为基础的家庭小作坊和农场生产变成了以工厂为基础的大规模生产方式。这些工厂的运作主要依靠矿物燃料与未处理的煤炭混合提供动力。工业化的生产方式产生了大量的废料，但是处理这些垃圾废料的方法却并没有由于生产方式的改变而发生相应的改变，生产废料依然被直接排放到河水与湖水中，或是被直接排放到大气中。结果到19世纪初期，生活在都市和工业化地区的人们已经习惯于呼吸被严重污染的空气和饮用高污染的脏水。

人们也确实发现了这些问题，有些人也认识到了污染所造成的危险后果。例如一位叫做爱德文·查德维克（Edwin Chadwick）（1800—1890）的英国律师在1842年发表了一篇名为《英国劳动人口的公共卫生状况》（*Sanitary Conditions of the Labouring Population of Great Britain*）的报告，呼吁立法为英国的工人阶级提供更好的公共卫生状况。其中包括以下的意见：

> 主要在工人阶级之中发生、加重或扩散的各种形式的传染病、地方病和其他疾病在王国里各个地方的人口中流行，这些疾病都是由于腐烂的动物尸体和蔬菜以及潮湿污浊拥挤不堪的住所所产生的空气杂质而引起的，不管是在独立的房子、乡间村庄、小镇、大城市还是在大都市里最底层的地区都肆虐着这样的疾病。

查德维克的报告包括关于英国环境状况的17个结论以及改善这些环境状况的15条建议。

然而，直到很久以后人们才采取了实际行动。例如，英国政府建立了一系列委员会来解决空气和水污染问题，其中第一个委员会成立于1819年，但是直到1848年才确立了第一套相关的法律。那一年第一部《公共健康法案》（*Public Health Act*）被政府采纳，建立了一个卫生机构，其职责就是控制烟尘在英国各大城市内的排放。又过了24年，第一位负责控制空气污染的官员罗伯特·安格斯·史密斯（Robert Angus Smith）（1817—1884）才被正式任命。

除此之外，并不是所有的污染问题都能受到人们同样的重视。水污染问题就没有空气污染受到的关注多，其根本原因是由于飘过城市上空包裹着烟尘的云团很难被人们所忽视。人们不需要经历检测污染物的训练，就可以直接看到和嗅到工厂里排放出来的讨厌的废气。但是要认识到水污染则要比这困难得多。一瓶看起来可以安全饮用的水也许包含了数量庞大的致病微生物，这些微生物都是无色、无味或无臭的。另外，在19世纪60年代疾病的细菌理论首次发表之前，没有人可以真正理解污染后的水对疾病的传播起作用的机制，这些疾病包括霍乱、瘟疫、斑疹伤寒和伤寒。事实上，直到20世纪中期，科学家们才对造成水污染的化学成分有了比较清楚的了解，包括污染物质可能存在于水中，它们是怎样出现在水里的，它们对人类、其他动物和环境会造成什么影响，以及如何控制它们等问题。

但是在理解水中存在的生物污染物方面我们也取得了一些进步。事实上，到19世纪中期，污染的水和疾病之间的联系就已经变得越来越清晰了。在1853年产生了一项巨大的突破，那就是对疾病爆发与传播的研究，这也是传染病学领域的经典案例。

那一年，一场严重的霍乱疫情横扫伦敦，而在布罗德大街附近的影响是最严重的。一个名叫约翰·斯诺（John Snow）的医生确定，大多数霍乱患者都饮用了位于这条街上的公共水井的井水。他推测应该是从水泵里打上来的被污染的水使得饮用过这些水的人都患上了霍乱。斯诺宣布了他解决这个问题的对策，这也成为至今都很著名的一个警告：“撤掉水泵的把手！”虽然政府官员们对这一简单行动的作用保持怀疑，但是他们还是照办了——于是这场严重的传染病大流行迅速结束了。后来的研究表明，从这个水泵里打上来的井水早已经被第一个患上霍乱的住户家的下水道污水污染了。

尽管污染问题至少在公元前10世纪就已经被人类认识到了，但是直到19世纪中期这个问题依然没有得到很好的解决。

防污染法律法规的诞生

乍一看，如此严重的环境问题是如何在看似发达的社会中留存了成百上千年确实很让人费解。19世纪是大英帝国成为一个成熟、繁荣昌盛的国家的时期，也是这个国家的发展史上最强大最有实力的时期。然而，生活在这个国家各地的大多数公民们的日常生活都被严重的空气和水污染包围着，其毒害程度是生活在21世纪的美国人都无法想象的。为什么人们要忍受这样糟糕的环境呢？

其根本原因就在于，这样的环境退化的程度被当时的人们认为是成功的标志。严重的污染标志着经济的繁荣。工业生产的水平越高，至少这个国家的一部分公民的生活水平就会越高，这部分公民显然是指那些开办工厂的上流社会的人物，以及那些新兴的中产阶级。如果这些工厂在生产上取得成功的同时还向河水、湖水或空气中排放过量的“有害废料”产物，那么对人们来说很可能是不幸的，尤其是对工人阶级，但是这样的不幸作为整个国家经济成功的附属产品又似乎是无法避免的。

遵循这样的逻辑，大多数发达国家直到20世纪都没有一个广为人知的成功控制污染的法律这一事实也就不会令人感到惊讶了。例如，英国政府在1875年和1891年通过对1848年公共卫生法案的修正案以后，就一直没有再推行更进一步的新法律，直到1926年才颁布了新的公共卫生法案（禁烟令）。

即使是这样的法律也无法控制污染，不管是在英国还是在其他欧洲国家以及美国，这样的状况已经被反复论证过了。最显著的失败的标志就是灾难性的空气污染事件，有成百上千甚至成千上万的人因此而丧生。其中很多事件都发生在伦敦，这座城市的工业污染和不适宜的天气状况相互作用形成令人窒息的由污染空气形成的云，这样的云被称为"烟雾"（烟+雾）。例如在1880年2月，这座城市被罕见的厚厚的烟雾层所笼罩，造成1 000多人死亡。类似的烟雾流行病事件此后又相继发生，在1930年12月，比利时的默兹河（Meuse）（63人死亡）；1948年10月，在宾夕法尼亚州的多诺拉（Donora）（20人死亡）；1950年11月，在墨西哥的波加黎加（22人死亡）。而1952年12月伦敦发生的烟雾事件造成4 000人死亡，这也是当代历史上此类事件中最严重的一次。这样的事件使得政府官员不得不考虑颁布更加严格的法律条文来限制排放到河里、湖里和空气中的污染物的数量。

在美国，第一部几乎包含各方面内容的环境保护法律是1899年颁布的《河流港口法》（也被称为"1899年的废弃物法案"），这部法案是为了处理在可通航的水域内的导航、疾病和石油排放问题。这部法案的一部分内容此后被更新的水污染防治法所替代。但是解决水坝、桥梁、堤防、堤道、码头、防波堤以及其他建筑建设的那部分内容起草得十分详尽而明确，直到今天还依然被用来解决现代的此类水问题。

直到1948年，美国的第二部水污染法案才被通过，这部被称为《水污染控制法》（*Water Pollution Control Act*）的法律也被称为《清洁水法》（*Clean Water Act*）。这部法案为各州建设污水处理工厂、鉴定水中的污染物以及确定对污染负责的公司与个人提供了资金的支持。

但是这部着眼于各州政府的法案，并没有在全国范围起到处理与防止污染问题的作用，也没有像后来的立法一样提出对水质的分级标准。而更加奇怪的是，执行1948年的这部法案中各条款的责任单位是军医署（Surgeon General's Office），协助其执行该法案的单位是水污染管制顾问委员会（Water Pollution Control Advisory Board）。这部法律在解决国家所面对的水污染问题方面基本上是没有效果的。

在这部法案推出将近10年以后，处理空气污染问题的第一部全国性法案才被正式通过。1955年，美国国会通过了《空气污染控制法》（*Air Pollution Control Act*），每年为公共卫生署（Public Health Service）提供500万美元用于支持空气污染方面的研究。同《清洁水法》一样，这部《空气污染控制法》对国家的空气污染问题也看不出有丝毫的影响。然而它确实刺激了一部分政府官员，使他们开始更加认真地考虑空气污染对公共卫生、农业、牲畜以及生命财产造成的严重威胁。除了这些法律以外，还有一些关于环境问题的书籍也陆续出版问世，这些书籍鼓励当时的美国民众更加深入思考空气和水污染所带来的问题。这其中最有影响力的一本书就是雷切尔·卡逊（Rachel Carson）1962年出版的《寂静的春天》（*Silent Spring*）。

到20世纪中期以后，美国和其他发达国家都相继通过了第一部保护人类健康和自然环境的法案。这些国家也相继为保护空气、水和其他自然资源质量作出了自己的努力。

1970年世界地球日

20世纪60年代的这10年对美国来说是不寻常的10年，在重视环境问题的觉悟上发生了十分显著的改变。人们开始习惯于听到工业活动给环境带来的各种各样的危害。由于水质的严重污染，游泳和垂钓者经常在河流和湖泊周围发现禁止在其中游泳和垂钓的警示牌。报纸经常报道一些被发现由于工业化学废料的严重污染而不适宜居住的地区。

在某些案例中，甚至整个城镇都被清空，居住在其中的家庭不得不举家搬离这些地方。由于出现极其罕见的高污染问题，政府机构经常发表一些通告来警告老人、幼儿以及病人不要外出。国家土地、空气和水资源质量的严重恶化已经成为普通民众心中的普遍共识了。

然而美国联邦政府在处理这些问题上的步伐却极其缓慢。《水污染控制法》在1961、1966和1970年分别进行了修订，但是关注环境问题的人们还是不止一次地指责这部法案工作迟缓、效率低下。在20世纪60年代通过的一系列处理空气污染的法律也遭到了类似的控诉。这其中的第一部法律就是1963年通过的《清洁空气法》(*Clean Air Act*)。这部法律规定了像电厂和钢铁加工厂这样的固定源排放污染物的排放标准。这部法律还承认各独立的州已经制定的他们自己的空气质量计划，对各州政府的工作提供了帮助。然而，这部法律并没有处理当时最重要的独立的“空气污染”源——马达驱动的交通工具（例如汽车和卡车）、火车以及飞机——的排放物。

在1965、1966、1967和1969年通过的对1963年法案的修正案中，国会试图去弥补这方面的不足和解决其他新的空气污染问题。例如在1965年的修正案中，指定卫生、教育和福利部部长确定全国汽车尾气排放标准。这部法案以及之后颁布的修正案还指定军医署研究空气污染对人类健康的影响，扩充地方空气质量计划，承诺确定新的空气质量标准的期限，确定空气质量控制区域（AQCRs），并且还批准研究低排放燃料和更低油耗的汽车。

不幸的是，最初的法案以及它的修正案有一个很严重的缺陷：将大部分执行法案的权力交给了各州政府，而在一些情况下，要达到法案设定初衷所需要的财政支持又常常不能够到位。因此到20世纪60年代末期，美国全国的空气质量也未见有多大的好转。

雷切尔·卡逊（1907—1964）

20世纪40年代的美国社会迷恋着各种各样的化学物质。在这之前的十几年间，化学研究已经开始创造出一系列激动人心的崭新的化合物，它们从根本上改变了我们从前种植作物的方式，也使我们能够免受一些疾病的侵扰和感染。这其中最重要的一个化合物就是二氯二苯基三氯乙烷，俗名DDT。第二次世界大战期间，DDT就显示出了其在杀灭一些昆虫和微生物方面的威力，这些昆虫和微生物可以造成一些严重的疾病。第二次世界大战结束以后，化合物生产商将DDT推向了更加广阔的市场，让农民们用来控制危害农作物生长的害虫。只有极少数的一些人对在如此广阔的范围中使用DDT有可能带来的污染危害表示了焦虑。生物学家兼作家雷切尔·卡逊就是其中的一位。

1907年5月27日，雷切尔·卡逊（Rachel Carson）出生在宾夕法尼亚州的斯普林代尔（Springdale，Pennsylvania）。她从很小的时候起就迷上了写作，年仅10岁时，她写的其中一则小故事《云中的战争》就被《圣尼古拉斯杂志》（*St. Nicholas*）刊登录用。1925年，卡逊进入宾夕法尼亚女子学院（Pennsylvania College for Women）（现在的查塔姆学院（Chatham College））学习，打算成为一名专业的作家。但当她旁听了一节一年级的生物课以后，她的计划就此改变了。她发现自己是如此痴迷于这门专业，于是决定将她的两大兴趣——写作和生物——结合起来，成为一名科普作家。1928年，她最终获得了动物学学士学位。

毕业之后，卡逊在马萨诸塞州的伍德·豪海洋生物实验室（Marine Biology Laboratory at Woods Hole，Massachusetts）（现在的伍德·豪海洋学研究所（Woods Hole Oceanographic Institute））待了一个夏天。随后她进入约翰·霍普金斯大学（Johns Hopkins University）学习，并在1932年获得了硕士学位，当时美国正处于经济大萧条时期。她在马里兰大学（Maryland University）和约翰·霍普金斯大学找到了兼职任教的工作，但收入微薄，只能勉强糊口。1935年她的父亲去世了，只留下她一个人照顾病重的母亲，这使得她生活上的困难越来越严重。

在人生这一重要的关头，她很幸运地找到了一个薪水更高的工作，那就是在美国渔业管理局（U.S. Bureau of Fisheries）当一名科普作家。她在那里的工作主要是为广播节目撰写广播稿并编辑一些解决渔业问题的政府文件。同时她还可以兼职进行一些自由写作，于1937年在《大西洋月刊》（*Atlantic Monthly*）上发表了她自己的第一篇作品《海洋深处》（*Under sea*）。

这篇文章引起了一家大出版商——西蒙和舒斯特出版社（Simon & Schuster）里一位编辑的注意，他鼓励卡逊以她在《大西洋月刊》上发表的那篇文章为主题写一本书。于是卡逊写成了她的第一本书《海风之下》（*Under the Sea Wind*）并在1941年出版发行。很不走运的是，这本书出版的时候正值第二次世界大战刚刚打响，因此这本书并没有很畅销。1945年，卡逊给畅销杂志《读者文摘》（*Reader's Digest*）写了一篇文章，提出了DDT可能给人类带来的一些危害。杂志并没有接受她的观点，但对于这个问题她一直无法彻底忘记。

卡逊继续在美国渔业管理局［后来改名为鱼和野生动物管理署（Fish and Wildlife Service）］工作，并最终晋升为该部门的出版物主编。受到之前写作《海风之下》经验的激励，她决定再写一本以海洋生物科学为主题的书，看看这次的运气如何。这本名为《大蓝海洋》（*the Sea around Us*）的书于1951年出版，并取得了巨大的成功。这本书被美国的

“每月书摘俱乐部”评选为推荐读物并在《纽约时报》(*New York Times*)的畅销书排行榜上连续上榜达86周。这本书也让卡逊赢得了美国国家图书奖(National Book Award)以及查塔姆学院和奥柏林学院(Oberlin College)的名誉博士学位。而《大蓝海洋》这本书畅销的最重要的意义也许在于,它使得卡逊不再为经济上的事情所困扰,能够从政府部门退休,在家潜心进行写作。

卡逊接下来写的书《海之边缘》(*The Edge of the Sea*)(1955)也取得了巨大的反响,依然十分畅销。除此之外,她还为一系列其他的事业而努力工作,包括撰写公共电视系列片《天空的知识》(*Something about the Sky*)。

1958年,卡逊不得不再一次去思考DDT的问题。她在马萨诸塞州的一个朋友写信告诉她,科德角(Cape Cod)的大批鸟类死亡,显然是由于喷洒DDT造成的。于是卡逊决定写一本书来抨击DDT带来的问题,这就是1962年出版的《寂静的春天》(*Silent Spring*)。书名来自卡逊设想的一个情景:假如对DDT不加控制地继续使用,那么鸟类和其他的野生动物都会因为这种毒药而灭绝,那么留给我们人类的就只能是这样一个“寂静的春天”。很多人都认为卡逊的书和她其他的作品一样,都对现代环境运动的发展起到了重要作用。卡逊一直活跃在环境运动的队伍中,直到1964年4月14日,她因乳腺癌去世,享年56岁。

纵观整个20世纪60年代，美国民众对美国国会和历届总统在处理环境问题上的行事缓慢越来越感到失望。到60年代末期，民众的失望情绪在政治上的影响开始变得越来越明显。例如美国最重要的独立的环境法案——《国家环境政策法案》(*National Environmental Policy Act*)，就是在1970年的1月1日签署通过立法的。在这部法案众多的条款中，它确立了现在美国最重要的制定环境政策和处理环境问题的独立单位——美国环保总署(Environmental Protection Agency, EPA)。

1970年4月22日发生的一件事，在美国近几十年的环境问题历史上绝对称得上是有重要影响的大事，那就是在全国范围内举行的"地球日"活动。"地球日"的发起，最早来源于1969年的9月美国的参议员盖洛德·尼尔森(Gaylord Nelson)的一个想法，他将这个想法简略写在了书本旁边的空白处。尼尔森后来回忆起他最初建议"地球日"的想法时写道："让政治领袖知道这一环境运动拥有多么广泛而深厚的支持"。他想"唤起政治上的许可并将这样的议题强制纳入国家的议事日程中来"。他呼吁确立一套完整的程序，使论证、研讨、训诫、商议、垃圾清理、植树造林以及其他对政府在环境问题方面活动支持的呼声能够得到有效的利用。

尼尔森承认他对"地球日"这一构想的提出表示过怀疑。"这就像一次赌博，"他说。但是最终，赌博成功了。对尼尔森计划的成功贡献最大的是丹尼斯·海斯(Denis Hayes)。4月22日那天，有2 000多万美国人参与到了地球日的一项或几项活动中，这些活动包括公共演讲、研讨会和实际动手保护等等，包罗万象。这其中很多活动都是在校园里举行的，超过2 000所大专院校以及1万多所高中和初中都参与到了活动中来。美国国会甚至决定在当天闭会，使得国会议员们可以在他们所居住地区的一些活动中发表演说。

"地球日"的庆祝活动从1970年第一次举办至今每年都不间断（图1-1）。活动规模一年比一年大，也一年比一年复杂。

例如在2002年，庆祝"地球日"的活动（和往常一样在4月22日）在全球184个国家举行，有超过5 000个国家和国际环境组织加入到活动中来。参与者们举办了各种各样的活动，其中很多活动都与其他的环境项目相联系，这些项目包括社区卫生评估计划（Community Health Assessment Program）、生态足迹运动（Ecological Footprint Campaign）、可持续发展世界首脑会议（World Summit on

距离第一个"地球日"已经过去30多年了，但是每年4月份，人们依然郑重其事地聚集在一起庆祝"地球日"的到来，图中所示的是在加利福尼亚州伯克利（Berkeley，California）的地方公园中人们举行的清理海滩活动。

图1-1 庆祝"地球日"

盖洛德·尼尔森（1916—2005）

在参议院工作的18年间，盖洛德·尼尔森提出了一系列解决环境问题的议案。这其中包括禁止使用两种有毒的危险化学药品：DDT和2，4，5-T（俗名橙剂）的立法；规定汽车油耗标准的法案；创建圣克罗伊野生风景河道国家公园（St. Croix Wild and Scenic Riverway）与阿波斯尔群岛国家湖岸公园（Apostle Islands National Lakeshore）（都在威斯康星州）的法案；控制条带开采法采矿的法案；以及保护美国东部2 000英里长的阿巴拉契亚山道的法案。他也是积极引导《清洁空气法》、《联邦环境农药控制条例》（*Federal Environmental Pesticide Control Act*）、《水质法》（*Water Quality Act*）以及《国家湖泊保护法》（*National Lakes Preservation Act*）等法案正式通过立法的倡导者之一。但是毫无疑问，他最为人所知的就是1970年第一个“地球日”之父。

1916年6月4日，盖洛德·尼尔森（Gaylord Nelson）出生于威斯康星州的克利尔莱克（Clear Lake）。从该处高中毕业以后，他进入圣何塞州立大学（San Jose State College）读书，1939年他在那里取得了艺术学学士学位。随后他又进入威斯康星大学法学院（University of Wisconsin Law School）继续攻读，并在1942年获得了法学学士学位。在第二次世界大战期间他在美国军队中服役4年。

1946年，尼尔森第一次尝试在政府任职，他作为共和党的候选人参加了威斯康星州议会的选举，结果以失败告终。随后他又改在民主党内注册，并在1948年竞选成为威斯康星州的议会议员，在那里他工作了10年，直到1958年被选为威斯康星州的州长。尼尔森在州长的位置上工作满两个任期以后，又被选为代表威斯康星州的美国国会参议院议员，在这一职位上他工作了三届任期。

1981年离开参议院以后，尼尔森成为荒野协会（Wilderness Society）的顾问，在那里他工作了14个年头。1995年从这一职位上退休以后，尼尔森依然活跃在各大环保组织和环保计划中，并在1995年作为第25届地球日的主席主持工作。那一年在庆祝地球日25周年的3个月的活动中，他一共做了34次演讲。同年，比尔·克林顿（Bill Clinton）总统授予他自由勋章（Medal of Freedom）。

尼尔森还被联合国授予了两次重大的荣誉奖，一次是1982年的环境领导奖（Environmental Leadership Award），另一次是1992年的“只有一个地球”奖（“Only One Earth” Award）。他的家乡威斯康星州以他为荣，在麦迪逊市（Madison）特意建立了一座“盖洛德·尼尔森州立公园”（Gaylord Nelson State Park）来纪念他。尼尔森曾经写过两本关于环境的书，一本是《美国最后的机会》（*America's Last Chance*）（1970），另一本是《孩子们就环境问题写给盖洛德·尼尔森参议员的信》（*Children's Letters to Senator Gaylord Nelson about the Environment*)(1971)。2005年7月3日，他在位于马里兰州肯辛顿(Kensington)的家中逝世。

丹尼斯·海斯(1944—)

创立1970年“地球日”的想法应该归功于威斯康星州的参议员盖洛德·尼尔森先生。但是有这个想法和最终真正实施则是两码事。在1970年的“地球日”这一事件中，为使这一事件最终成为可能而将每天的各种工作协调起来的最重要的一个人物就是丹尼斯·海斯。

1944年8月29日，丹尼斯·海斯出生于威斯康星州的威斯康星拉皮兹(Wisconsin Rapids)。1969年，他在斯坦福大学获得了A.B.学位。在尼尔森做关于“地球日”的第一次演讲的时候，海斯刚好进入哈佛大学的肯尼迪政府学院(Harvard University's Kennedy School of Government)学习。但是在尼尔森以及其他地球日组织的感召下，海斯离开哈佛成为地球日的全国协调员。由于长期忙于这项环境运动，海斯又花了15年时间才完成了自己的研究生学业。1985年，海斯在斯坦福大学获得了他的环境法学位。1983—1988年之间，海斯在斯坦福大学担任工程学的副教授。

在获得法律学位以后，海斯在硅谷担任一些法律上的职务。在吉米·卡特（Jimmy Carter）总统在任期间，他又在伊利诺伊州能源署（Illinois State Energy Office）担任主管的工作，并成为联邦太阳能研究所［Federal Solar Energy Research Institute，现在的国家可再生能源实验室（National Renewable Energy Laboratory）］的负责人。他同时还是世界观察研究所（Worldwatch Institution）的高级研究员和史密森学会（Smithsonian Institution）的访问学者。海斯先生现在是布利特基金会（Bullitt Foundation）的主席，这是一个位于西雅图的环境基金会。

海斯先生获得了一系列荣誉和奖项，其中包括美国太阳能协会（American Solar Energy Society）颁发的查尔斯·格里利·艾博特奖（Charles Greeley Abbot Award）和世界银行的全球环境领袖奖（World Bank's Global Environmental Leadership Award）。他还被《时代》杂志（*Time magazine*）评选为"地球英雄"奖（"Heroes of the Planet"）的获奖人之一。

Sustainable Development）、世界无车日（Car Free Day）以及全球再造林活动（Global Releaf，一个植树项目）等等。

历史学家们普遍认为，"地球日"的创立对唤起政府官员和普通民众的环境意识具有极其深远的影响。整个20世纪70年代，我们欣喜地看到在全美国和各州范围内都采取了一系列环境计划。这期间还通过了两部重要的法案，分别是1970年的《清洁空气法》和1972年的《联邦水污染法》。

1970年的《清洁空气法》，确定了国家环境空气质量标准（National Ambient Air Quality Standards）（NAAQSs）以及新源执行标准（New Source Performance Standards）（NSPSs），后者规定了一个区域内新排放源允许的排放量。这部法案还要求各独立的州建立它们各自的州执行计划（SIPs），对违反清洁空气条例的单位和个人收取严格的罚金，并且确定清楚而专门的日程表来执行这一新法案。在该法案1977年的修正案中，还第一次确定了车辆尾气排放标准。

1972年的《联邦水污染控制法》（后更名为《清洁水法》）中，首先，确定了向河道中排放污染物的许可体系，目的就是为了减少和消除这样的污染排放，违反这一法律的单位和个人将被处以2.5万美元的罚款。其次，如果联邦政府并没有找到一些合适的反污染的办法，这部法案还鼓励个人和社会上的环保团体一起来出谋划策。第三，这部法案授权环保总署（Environmental Protection Agency）来确定一个标准，以此来限制从已有的设备中排放的污染物的种类和排放量。最后，它还为各州和地方政府提供了财政、行政、技术和其他方面的支持，用来设计和引进新的控制水污染的方法。

这段时期内，国会还采纳了大量的处理环境问题的法案。以下就是其中最重要的一些法案：

- 1972年的《联邦杀虫、杀菌及灭鼠剂法》（*Federal Insecticide, Fungicide, and Rodenticide Act*），要求环保总署研究使用杀虫剂

引发的结果，并要求杀虫剂的使用者（如农民）在购买杀虫剂时需要登记。

- 1973年的《濒危物种法》（*Endangered Species Act*），授权美国渔业与野生动物保护局（U.S. Fish and Wildlife Service）创立和维护一份濒危的动植物物种列表，同时采取相应措施和适当的限制来保护这些物种。
- 1974年的《健康饮用水法》（*Safe Drinking Water Act*），命令环保总署确立饮用水的国家标准，以此来保护普通民众的饮用水中不会含有自然的和人为的污染物。
- 1976年的《有毒物质控制法》（*Toxic Substances Control Act*），赋予了环保总署拍摄和监控美国生产、使用或进口的7.5万多种化工产品的权力。
- 1977年的《资源保护与再利用法》（*Resource Conservation and Recovery Act*）确定了使用和处理有害与无害废料的规章制度。
- 1980年的《综合环境损害赔偿和赔偿责任法》（*Comprehensive Environmental Response, Compensation, and Liability Act*），创立了一套称为"超级基金"（Superfund）的计划，希望能够清除堆放有害废料的地方，以防由于事故或者泄漏释放的污染物排放到周围的环境中。

总而言之，20世纪70年代，是美国在环境问题上立法大爆发的年代，确立了整个国家在处理空气污染、水污染和土地资源污染问题上的政策框架。这些法律几乎已经全部修改过了，但是它们的指导思想直到今天还影响着这个国家的环境政策。

20世纪70年代环境立法的大爆发，为保护整个国家的环境确立了一个稳固的联邦政策与法律基础。但是它所起到的作用还远远不止于此：它创造了一个社会和政治环境，使得国家的水、空气和其他自然资源的纯净与安全成为整个联邦与各大州共同关注的焦点。任何一个国家官员如果敢说环境质量并不是他所关注的议题之一的话，必然逃不脱严厉的处罚。实际上，今天被选中的官员和政治家，极有可能就是在二十世纪六七十年代参加过当时创立的“环境花车游行”活动的那些人。

二

大气化学：污染物

在人类历史的发展过程中，空气污染一直是环境污染最显著的表现形式之一。正如第一章中所说，作家们一直以来都在抱怨着采矿中产生的浓烟、家庭生火取暖时产生的烟雾以及工业生产中燃料燃烧所释放出的令人窒息的烟雾。在“空气污染物”这个词的精确概念上存在有不同的看法。一些环境化学家使用这个词来描述所有释放到大气层中的物质，只要是对人类以及其他动物、植物和自然环境造成危害的，不管是直接还是间接排放到空气中的，都属于这个范畴。而另一些专家则倾向于省略这个定义的后半部分，将空气污染物直接定义为那些排放到大气中的固体、液体或气体物质，不管它是不是有可能对生命和无生命的环境造成危害。

在这一定义下被认为是空气污染物的化学物质包括：一氧化碳、氮氧化物、二氧化硫、悬浮颗粒、挥发性有机化合物（VOCs）、臭氧和铅。

一氧化碳

一氧化碳是一种无色,几乎无臭、无味的气体,化学式为CO。

它可以由各种不同的化学反应过程所自然产生,其中最著名的反应也许就是含碳的燃料(树、草、刷子等)不充分燃烧的过程。当这些燃料在缺乏足够氧气的环境中燃烧时,燃料中所含的碳就不能被充分氧化(在实际生活中这种情况几乎是最常见的),于是其中的一部分碳就变成了一氧化碳。

$$C, H\ (\text{来自燃料}) + O_2 \longrightarrow CO + CO_2 + H_2O$$

一氧化碳也可以由有生命的绿色植物在阳光照射下产生,还可以从死亡腐烂的植物中、泥土和湿地中、稻谷中以及细菌、海藻、水母等其他生活在海洋的生物中产生。当空气中的甲烷与羟基(由一个独立的氧原子和一个含有一个未成对电子的氢原子化合而成的一种化学结构,它的化学式是OH·)发生反应并经过一系列复杂的反应变化也可以产生一氧化碳气体,这一系列反应先生成甲醛(HCHO),然后甲醛分解产生一氧化碳。

$$CH_4 + OH\cdot \longrightarrow CH_3O_2\cdot \longrightarrow HCHO \longrightarrow HCO\cdot \longrightarrow CO$$

大气层中一氧化碳的总量约为3.06×10^6短吨(相当于2.78×10^6吨)。其中约有一半(1.438×10^6吨)是自然产生的,而另一半(1.350×10^6吨)则是通过人为排放产生的。自然产生的一氧化碳一般认为不属于环境问题,因为它们在大气层中分布得十分广泛,因而平均密度很低(约0.1 ppmv)。

如果人为排放的一氧化碳也在大气层中均匀分布的话,这种气体对自然健康的危害是极小的。问题是人为排放的一氧化碳气体在城市中心等一些地区的大气中已经积累到了一个十分危险的高浓度了。在这种情况下，人类和其他生物所呼吸的一氧化碳气体的量对生命健康来说就十分危险了。

在美国，最主要的一氧化碳的来源就是汽车尾气。

汽车和卡车所排放的一氧化碳的量占到全国一氧化碳排放量的60%，但在汽车交通发达的城市地区，汽车尾气一氧化碳的排放量却能占到总排放量的95%之多。像在船和建筑设备中使用的其他种类的内燃引擎排放的一氧化碳量占全国排放量的20%。其他的一氧化碳则来自工业生产（如金属生产和化工产品的生产）、壁炉和木柴炉、飞机以及电力生产厂（图2-1）。在一年的不同时期，空气中一氧化碳的含量一直处于波动变化中，冬季时达到最高。其中一个原因就是由于冬天利用燃料生火取暖比较多；另一个原因则是夜晚产生逆流效应的可能性会更大。所谓的逆流效应就是地球表面的暖空气层会对一氧化碳（和其他污染物质）到达地面起到抑制作用的一种现象。

美国环保总署（EPA）从20世纪70年代就开始监控空气污染物的排放以及测量空气质量。由于一些原因，排放物和空气质量的数据并不总是具有可比性的。比如，空气质量的监测站通常位于城市中。从这些点（那里的问题通常更严重）得到的数据也许与全国平均排放数据会有出入。另外，当地的气象状况也可能影响到本地检测点所获得的数据，这些监测站的天气情况也许并不能反映整个国家天气的总体趋势。

但是数据显示在这20多年的时间里，美国一氧化碳的排放量和

各种工业生产排放的废气是全世界空气污染的主要来源，如图中所示的这座纸浆生产加工厂。
图 2-1　工业废气

空气质量都有所好转。从已知最近的数据可以看出，美国所有一氧化碳排放源的排放量从1982年的1.21亿短吨（1.1亿吨）已经下降到了2001年的0.99亿短吨（0.9亿吨）。而空气质量的改善则更加明显，1982—2001年间，空气中一氧化碳的含量从1982年的约8 ppmv下降到了2001年的约3 ppmv，一共下降了62个百分点。

在所有空气污染物中，一氧化碳对健康的影响是被研究得最透彻也是大众最清楚的。一氧化碳气体所造成的危害（和所有污染物一样）受两个基本因素的影响：人吸入的一氧化碳的浓度以及呼吸一氧化碳的时间长度。也就是说一个人长期吸入高浓度的一氧化碳是最危险的，而一个人在较短的时间内吸入较少量的一氧化碳其危险系数也相对较低。

吸入少量一氧化碳最初可能引起的症状包括头疼、疲劳、恶心、头晕眼花、精神紊乱和烦躁不安。长期吸入大量的一氧化碳气体可能引起呕吐、丧失意识、大脑损伤、心律不齐、呼吸困难、肌肉无力、昏迷甚至是死亡。

这些症状都是由于一氧化碳的化学性质，特别是其在血液中更容易和血红蛋白结合的特性。血红蛋白是血红细胞中负责从肺部将氧气运送到细胞中的一种蛋白质。在它的分子中心有一个铁原子，它会和氧结合形成一种称为氧基血红素的复杂化合物：

$$\text{Hb（hemoglobin）} + O_2 \longrightarrow HbO_2\text{（氧基血红素）}$$

血红蛋白中铁原子与氧基血红素中氧气的结合力并不是很强，这使得它一到达细胞中就可以很容易地将氧气释放出来。

一氧化碳也可以和血红蛋白结合成一种称为一氧化碳血红蛋白的化合物形式：

$$Hb + CO \longrightarrow HbCO\text{（一氧化碳血红蛋白）}$$

但是铁和一氧化碳间的结合力至少是它和氧的结合力的300倍。因此，当一氧化碳在肺部存在时，它就会取代氧基血红素中的氧而与血红蛋白形成一氧化碳血红蛋白：

$$HbO_2 + CO \longrightarrow HbCO + O_2$$

一旦发生这种情况，细胞就无法获得使其正常运作所需要的氧气，它们就会死亡，之前所描述的一系列一氧化碳中毒的症状就会产生了。

在一般情况下，一氧化碳只与血液中约1%的血红蛋白中的铁相结合。而在吸烟者的血液中其浓度是普通人的两倍多，因为吸烟会吸入卷烟中所产生的一氧化碳。当一氧化碳的浓度达到100 ppm时，一氧化碳中毒的最初症状就开始显现了，在这一浓度下一氧化碳会和血液中约15%的血红蛋白中的铁相结合。很显然，反对向人类生存的环境中排放一氧化碳气体是人类健康的强烈要求。

控制一氧化碳的排放量是基于提高燃烧效率从而排放更少的气体这一原则上的。而要达到这种目的的一种设备就是催化转化炉，目前在美国销售的所有汽车上都已经强制要求安装这种设备了。催化转化炉对汽车排放的尾气进行了二次氧化，使得一氧化碳和其他未充分燃烧的燃料在排放到大气中之前可以被再次氧化。（催化转化炉的工作原理会在本章后面的内容中进行介绍。）

另一种在燃烧时减少一氧化碳排放量的方法是在燃料中加入某些增加氧气量的物质，也就是说提高燃烧的效率。含有这种添加剂的燃料称为含氧汽油。含氧汽油是新配方汽油的一种形式，所谓新配方汽油就是指那些经过特殊处理可以得到更高的燃烧效率而产生更少的一氧化碳和其他污染物的汽油。

添加到含氧汽油中的添加剂是醇类和醚类，其中最常用的就是乙醇和甲基叔丁基醚（MTBE）。两种比较少用到的添加剂是乙基叔丁基醚（ETBE）和叔戊基甲基醚（TAME）。这4种添加剂的化学结构在图2-2中会介绍。

对于其在减少一氧化碳排放量上的重要作用，管理者们对含氧汽油的使用十分欢迎。1990年的《清洁空气法修正案》中要求石油公司在每年一氧化碳排放量最大的那段时期以及在全国污染问题最

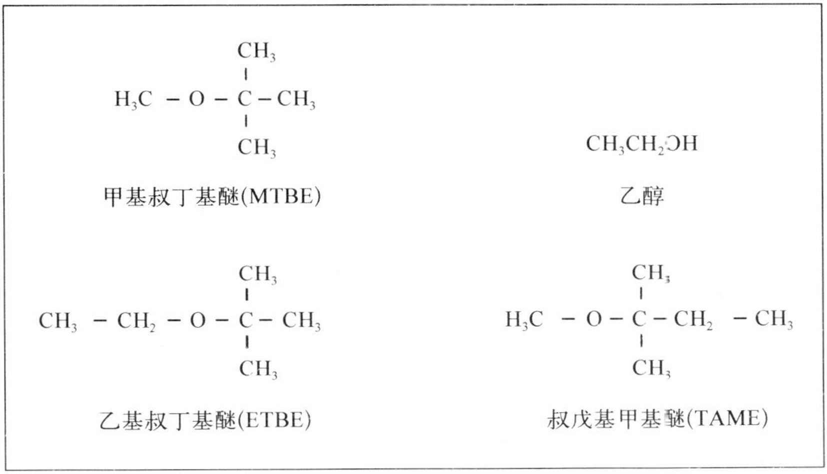

图2-2　4种汽油添加剂的化学结构

严重的地区只出售含氧汽油。这一计划在1995年生效并在2000年进行了修订，使得该法案所规定的地区更加广泛。

然而从那时候起，一些评论者也对使用含氧汽油的安全问题提出了越来越多的质疑。这其中大部分问题集中在对MTBE的使用上，而到2001年MTBE已经成为美国生产的10大化工产品之一，并且在全国所销售的含氧汽油中有85%都使用了MTBE。有迹象显示这一添加剂已经开始从储藏罐中泄漏入地下，并在地下进入地下水层。由于环保总署已经将MTBE列入了潜在的致癌物质，因此环境保护论者都十分关注继续使用这种添加剂对人类健康所带来的长期危害。有一些州已经修改了法律中的条款，限制含有MTBE的含氧汽油的销售，石油生产商也开始寻找在新配方汽油中所加入的MTBE的替代品了。

一种可能的解决办法就是更多地使用乙醇作为含氧汽油的添加剂。一些专家早就推荐将乙醇汽油作为一种经济有效的供汽车使用的燃料进行推广，这样的话就可以减少一氧化碳和其他污染物的排放了。

问题是乙醇汽油在生产成本上来说相对比较昂贵，还会释放其他的有害污染物，并且还可能对内燃发动机的某些部件造成一定的损害。因此即使在别的国家（特别是巴西）乙醇汽油已经成为非常流行的汽车燃料了，在美国依然很少有人使用它。

氮氧化物

氮与氧反应会生成5种氧化物的形式，在表2–1中列出了这几种氧化物。其中被认为是最主要的两个空气污染物就是NO和NO_2，有些时候这两种氧化物可以一起用NO_x来表示。在某些情况下这一化学式还可能包括其他的氮氧化物。

表2–1　氮氧化物

化　学　式	名　　称
N_2O	氧化二氮，氧化亚氮，“笑气”
NO	一氧化氮
N_2O_3	三氧化二氮
NO_2	二氧化氮，也可能出现N_2O_4的形式，四氧化二氮
N_2O_5	五氧化二氮

大气中的氮和氧作为大气的重要组成部分并不会发生反应。例如

在室温情况下，空气中正常含有的NO的量不会超过约0.000 000 000 1（1×10^{-10}）ppm，它们是通过以下反应产生的：

$$N_2+O_2 \longrightarrow 2NO$$

但是随着温度的升高，这个反应的速率也会显著地提高。例如在大约1 000℃时，NO的浓度就提高到了100 ppm，而到大约1 500℃时，浓度将会提高到近1 000 ppm。

因此，氮氧化物最常见的来源就是高温燃烧的过程，例如在汽车和卡车中发生的高温燃烧过程以及在电力生产厂和工业生产中发生的高温燃烧过程等等。像燃气炉和家用火炉等居民生活来源，也是排放入空气中的NO_x的重要来源之一。到20世纪末，环保总署的报告指出，美国排放入大气中的NO_x有49%来自汽车尾气，公用工程的排放占27%，其余的29%来自工业、商业和居民生活排放，剩下的5%则来自其他一些排放源。

1982—2001年间，氮氧化物的排放量从最初的大约2.2千万短吨增加到了约2.4千万短吨，一共增长了约9个百分点。这一增长的主要原因是非道路用发动机和柴油发动机排放量的增加。但是同样在这段时期内，实际监测到的NO_x的含量却在减少，从1982年全国平均0.025 ppm下降到了2001年约0.020 ppm。氮氧化物排放量的变化趋势与监测数据的差异又反映出了污染最严重地区对降低这些气体的浓度所作出的努力。

氮氧化物对健康的主要影响是由于其与血红细胞中的血红蛋白互相之间会产生反应的趋势，在很大程度上与一氧化碳的作用十分相似。但是在正常环境下氮氧化物的浓度是十分低的，因此特别是与吸入大量一氧化碳气体造成的影响相比，这样的影响就很微弱。

相对来说，二氧化氮气体是一种高毒害性的气体，它对人的呼吸系统具有十分严重的毒害作用，吸入的量越多受到的危害也越大。短时间内（少于3小时）吸入少量的二氧化碳气体一般不会产生严重后果，但会对一些有呼吸道疾病史的人造成呼吸道反应和肺部功能的变化。这种情况下12岁以下的儿童更容易产生这样的呼吸道疾病。二氧化氮浓度越高的地区产生的危害也越大。在6~8周时间内连续吸入浓度50~100 ppm的二氧化氮气体可能造成肺组织发炎。在更短的时间内吸入更多的二氧化氮气体（150~200 ppm）则有可能造成称为纤维闭塞性细支气管炎的疾病，患上这种疾病的人在3~5周的时间内就可能死亡。

空气中氮氧化物的含量通常要比上面提到的浓度低很多，因而上面提到的对健康的影响很少会发生，除非是事故或者泄漏造成大量二氧化氮瞬间被排放到空气中。但是当二氧化氮与空气中其他的污染物质相遇形成光化学烟雾和酸雨时，NO_x对健康造成的最严重的影响就会间接地体现出来。（光化学烟雾在本章后面的内容会进行讨论，而酸雨则在第三章中进行介绍。）

控制氮氧化物排放入大气层一共有3类方法：预燃、燃烧和补充燃烧系统。预燃系统是为了在燃料中去除氮，经过这样处理的燃料一旦燃烧则其释放到大气层中的氮氧化物的量也会更少。达到这一目的的一种方法是“加氢脱氮”（hydrodenitrogenation），这是一种在液体燃料中加入氢气并在催化剂的作用下温和加热的过程，这样的催化剂有镍钼合金或镍钒合金。（催化剂是一种改变反应效率而本身不发生任何变化的物质。）这些条件使得燃料中的氮可以和氢气反应生成氨，而氨可以很容易从燃料中去除并进行再利用：

$$N_2+3H_2 \longrightarrow 2NH_3$$

经过这样处理的燃料还含有少量的氮，而燃烧起来就会“更加清洁”，也就是说释放的氮氧化物将更少。

燃烧系统的目的是通过降低燃烧的温度减少氮氧化物的排放。由于氮和氧的反应效率受反应温度的影响很大，因此降低反应温度也可以减少产生的氮氧化物的量。

这种方法存在的问题是降低燃烧温度的同时也降低了燃料燃烧的效率。因此减少氮氧化物排放的过程越有效，那么燃料在熔炉或汽车引擎中燃烧的效率也就越低。所以对化工学家来说，最大的挑战就是寻找某种有效的机械能够在这两者之间找到一个合适的平衡点，在减少氮氧化物排放的同时又能维持燃料燃烧的效率。

已经有一些系统被设计出来解决这二者之间的矛盾了。在其中一个系统中，将油喷入燃烧室之前会先和一些水混合。水的存在使得燃烧温度变得足够低，能够减少约15%的氮氧化物的排放，而同时又不会显著降低燃烧效率。

另一种系统是在燃烧室中使用冷空气来减少氮氧化物的排放，它通过向燃烧室中加入冷的惰性气体或循环冷却的废气来达到这一目的。

一种被称为“低过量空气燃烧”（low-excess-air firing）的方法是在燃烧室中控制NO_x产生的最有效的方法之一。正如其名字所告诉我们的一样，这种方法就是使足够燃料燃烧的空气得到最好的燃烧利用，这样就能留下最少的氧气防止氮和氧反应生成NO_x。

这一装置所产生的一个问题就是燃料的燃烧效率可能不能达到完全，因此造成未燃烧的碳（煤烟）和未燃烧的碳氢化合物以及一氧化碳的排放。为了解决这个问题，低过量空气燃烧法通常都会制造成二级反应的结构。在第一级反应中，燃烧在高温环境下进行并促使燃料的充分燃烧，但只提供比充分燃烧所有燃料要少一些的氧气环境。在这样的条件下，由于没有足够的氧气因此几乎不会产生NO_x。而在第二级反应中，燃料是在一个相对低温但有过量氧气的环境中进行燃烧的。在这个条件下，由于温度比较低，因此也不会形成NO_x，而燃料又能够得到有效的燃烧并且不会产生煤烟、未燃烧的碳氢化合物以及一氧化碳的排放。

最后，通过在燃烧室中保留一部分废气来处理燃料也可以减少NO_x的排放。在汽车尾气处理装置中最常见的补充燃烧系统就包括图2-3中展示的催化转化器。催化转化器最早的原型是由尤金·霍德里（Eugene Houdry）设计的。由于这一设备对内部燃烧引擎产生的3种污染物——NO_x、CO和HC（未燃烧的氮氢化物）都具有效果，

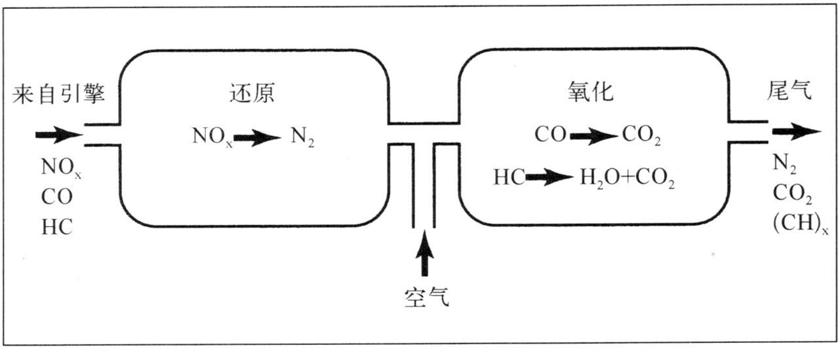

图2-3　三效催化转化器

因此它有时候也被称为“三效催化转化器”。

当汽车尾气通过两个反应室时，这些污染物就会发生一系列化学反应而转化成了无害的气体排放出去。每一个反应室都包含由大量的非常小的陶珠堆放起来的催化剂或是表面为蜂窝状漏口的催化剂。在第一个反应室中，汽车尾气里未燃的碳氢化合物和水反应形成氢气单质（H_2）。在这一设备的反应室中最常见的催化剂是经过精细切割的金属铑。

$$2HC+2H_2O \longrightarrow 3H_2+2CO$$

这一反应中产生的氢气随后又与尾气中的氮氧化物反应生成氮气单质：

$$2NO+2H_2 \longrightarrow N_2+2H_2O$$

水还原成氢气的同时产生的一氧化碳也可以用来减少氮氧化物的排放：

$$2NO+2CO \longrightarrow N_2+2CO_2$$

和

$$NO_2+2CO \longrightarrow N_2+2CO_2$$

随后这些气体从转化炉的第一转化室进入第二转化室，第二转化室中通常存放的是铂/钯催化剂。在第二转化室中进行的是氧化反应。一氧化碳被氧化成二氧化碳，而其他残存的未燃碳氢化合物也被氧化成二氧化碳和水：

$$2CO+O_2 \longrightarrow 2CO_2$$

$$4HC+5O_2 \longrightarrow 4CO_2+2H_2O$$

之前我们已经说过，即使使用了催化转化器（图 2-4）也不能将全美国（和世界其他很多地方）所排放的氮氧化物的量彻底减少。因此工程师们还在不懈地工作希望能够设计出新的方法来改进催化转化器的工作效率。

催化转化器是一种对在汽油、柴油和其他燃料燃烧过程中产生的有害气体进行处理的高效的转化装置。

图 2-4　催化转化器

尤金·霍德里（1892—1962）

历史学家通常认为1970年的“地球日”运动是现代环境运动的开端，在某些重要的情况下这样的看法是正确的。但是在那一事件发生之前就已经有很多人对空气污染带来的危害表示担忧了。其中一个人就是出生在法国的美国化学家尤金·霍德里（Eugene Houdry）。霍德里职业生涯的大部分时间都在研究催化作用的性质，在催化作用这一过程中通过加入一种不发生反应的物质而改变化学反应的程度。

1892年4月18日，尤金·霍德里出生在法国巴黎附近的都蒙市。他的父亲经营着一家钢铁厂，生意兴隆，而霍德里也进入了巴黎的国立高等工程师学院（Ecole des Arts et Metiers）学习机械工程，打算子承父业。1911年，他以优异的成绩毕业并取得了象征在班级中成绩第一名的金牌。

毕业之后，霍德里开始在家里的工厂工作，但是很快就应征入伍，随同法国部队参加了第一次世界大战。他在1917年的汝文古战役中在监督修理受损的坦克时受了重伤。由于在战争中的突出贡献，他被授予了法国的战争十字勋章（croix de guerre）。

战争结束之后，霍德里回到了钢铁厂。但是他很快发现在钢铁制造之外他还有更感兴趣的新的课题：燃料研究。1922年，法国政府要求霍德里研究一种新的方法把煤炭转化成液体燃料。霍德里找到了这样一种方法，但是这种方法成本太昂贵而无法在商业上取得实际应用。即使如此，他还是发现自己对燃料研究的课题是如此着迷，所以他将后半生剩下的大部分时间都交给了这项事业。

1930年，霍德里通过美国的真空油品公司（Vacuum Oil Company）得到了一次继续研究燃料的机会。他接受了那份工作并搬到了美国，与真空油品公司合作开了自己的公司霍德里工艺股份公司（Houdry Process Corporation）。第二次世界大战期间，他是法国维西（Vichy）政府的公开反对者，因此他被撤销了法国国籍。1942年，霍德里成为美国公民。

第二次世界大战结束后不久，美国人开始经历20世纪40年代末期到50年代初期的经济大发展的副作用。令人窒息的光化学烟雾在很多大城市几乎成为家常便饭，特别是在洛杉矶。至少一些人已经开始清楚地意识到，由于汽车的泛滥很有可能使大城市都变成巨大的死亡陷阱，人们应该做点事情来防止这样的悲剧发生。

霍德里为了解决这一问题，第一个在汽车上设计出了催化转化器这一装置。今天几乎在所有的汽车和卡车上都能看见的催化转化器与他最初的发明依然十分相似。汽车尾气从转化器中通过并经过一层由催化剂铂铺成的催化床，然后被除去大部分的一氧化碳、氮氧化物和未燃的碳氢化物。1956年，霍德里为他的设备申请了专利并成立了公司"氧触媒"（Oxy-Catalyst）来制造和出售这一新产品。

对霍德里来说很不幸的是，当时在汽油中使用的铅妨碍了催化剂起作用。在使用过一小段时间以后，催化剂就失去了其过滤有害气体的能力。霍德里的公司倒闭了。但是在20年以后，当汽油中开始禁止使用铅，他的创意被再次挖掘了出来并且成为几乎所有的现代催化转化器的基础。

1962年7月18日，霍德里在宾夕法尼亚州的上达比（Upper Darby）去世。

人们在使用低燃料空气比的稀薄空气燃烧引擎时就发现了一些问题。使用这样的引擎，尾气中氧气的含量会相对较高，这使得传统的三级催化转化器很难将通过它的所有NO_x都还原。

目前设计的一种解决办法就是利用碳酸钡来吸收NO_x。

这一吸收装置是由内部含有经过精细切割的铂催化剂的碳酸钡构成的。碳酸钡很容易就与氮氧化物反应形成硝酸钡：

$$2BaCO_3+4NO+3O_2 \longrightarrow 2Ba(NO_3)_2+2CO_2$$

当燃料空气比暂时变大时（含有更多的燃料和更少的空气），就会促进反应的进行，使得短时间内产生更大量的一氧化碳。

这时产生的一氧化碳就与“储藏”在硝酸钡中的氮氧化物反应，转化成氮气单质：

$$5CO+Ba(NO_3)_2 \longrightarrow N_2+BaCO_3+4CO_2$$

一般在发电厂和别的一些工厂中会使用补充燃烧系统。这一系统使用选择性非催化还原法（SNCR）和选择性催化还原法（SCR）

这两个不同的过程来从废气（烟道气体）中消除氮氧化物。氮氧化物还可以用一些从烟道气体中提取二氧化硫的系统来去除（见后面的“二氧化硫”中对这些系统的介绍）。

选择性非催化还原系统利用的是某些化合物特别是氨气（NH_3）和尿素（$CO[NH_2]_2$）的反应趋势，用它们来还原氮氧化物：

$$4NH_3+6NO \longrightarrow 5N_2+6H_2O$$

和

$$2CO[NH_2]_2+6NO \longrightarrow 5N_2+4H_2O+2CO_2$$

当氨气或尿素注入烟道气体时，氨气约在870~1 100℃，尿素约在900~1 150℃时就可以去除多达50%的NO_x。

选择性催化还原系统的工作原理和SNCR相同，都是在工作气体通过催化剂时使用氨气或尿素来去除氮氧化物。在这一系统中可以使用很多种催化剂，而其中最有效的应该是钼、钛、钨、钒的氧化物以及沸石类催化剂，它们在自然界中通常存在于矾土和硅酸盐中。在这样的催化剂存在时，之前提到的反应就可以在更低的温度下发生，一般发生反应的温度在300~425℃之间。在SCR系统中，从烟道气体中去除氮氧化物的量可以达到90%甚至更多。

二氧化硫

二氧化硫是一种无色、有强烈刺激性臭味的气体，味道与燃烧的火柴类似。在浓度约为0.5 ppm或更高的环境中，绝大部分人都能够察觉到这一极其特殊的气味。它的化学式是SO_2。二氧化硫易溶于水，形成弱酸亚硫酸（H_2SO_3）。当硫黄或含硫化合物燃烧时就产生了二氧化硫：

$$S+O_2 \longrightarrow SO_2$$

或者例如：

$$4FeS_2+11O_2 \longrightarrow 8SO_2+2Fe_2O_3$$

二氧化硫对眼睛、呼吸系统以及某些情况下对皮肤有刺激性作用。造成这一影响的一个原因是二氧化硫与水混合形成一种对生物有强刺激作用的酸：硫酸。

在我们周围空气（我们周围典型的大气环境）中二氧化硫浓度正常的话，这些影响虽然令人讨厌，但是对绝大多数人没有什么特别的危险。但是对某些个人来说，即使是这样低含量的二氧化硫也可能造成一定的危害，比如患有呼吸系统疾病的患者、儿童和老人等。这些人很有可能产生更加严重的呼吸道问题需要一些药物的治疗。而长时间处于二氧化硫含量较高环境中的人（例如精炼厂工人）可能会产生更加严重的长期的健康问题，如哮喘、慢性支气管炎、肺病或肺气肿。除了对人类健康造成的危害以外，由于二氧化硫气体而形成的酸雨对物理和生物环境所造成的影响则更加严重。

二氧化硫主要有自然的和人为的两种产生来源。最主要的自然来源是火山喷发，据估计火山喷发产生的二氧化硫的量占所有自然排放的二氧化硫量的约40%。由于火山喷发属于偶发事件，因此每年由于这个原因所产生的二氧化硫的量变化范围也很大。另一些二氧化硫气体的自然来源有森林火灾和其他的自然燃烧、生物腐烂和有机生物体的代谢过程，特别是海洋浮游生物和细菌的新陈代谢产物。每年自然排放的二氧化硫的量大约为2.75千万短吨（2.5千万吨）。

二氧化硫最主要的人为来源是发电厂，由发电厂产生的二氧化硫的量占美国二氧化硫排放总量的70%。该国另外25%的二氧化硫排放量则来自各种各样的工业与制造业的生产。只有不到5%的二氧化硫气体来源于汽车尾气的排放和其他的交通工具。

生产过程中煤和油的燃烧都会排放出二氧化硫。煤和油本身都含有硫的化合物，因此在燃烧时自然就会产生二氧化硫了。精制石油中硫的含量要比大多数种类的煤中硫的含量都要低。

而天然气则与煤和油截然不同，它的硫含量很低，通常低于0.001%。

在过去的20年中，排放入空气中的二氧化硫的量和监测站测量到的量都有显著的减少。排放量从最初1982年的每年2.64千万短吨（2.4千万吨）下降到了2001年的每年约1.76千万短吨（1.6千万吨）。在这期间下降最明显的阶段是1992—2001年之间，这期间每年二氧化硫的排放量相对上一年都下降了约1/4。这其中排放量唯一没有降低的部分来自交通工具的排放，它从1980年的约77万短吨（70万吨）上升到了2000年的约200万短吨（180万吨）。

在全美国有253个监测点对当前的二氧化硫含量进行监测。监测站提供的二氧化硫平均浓度的数据从1982年的超过0.01 ppm下降到了2001年的低于0.005 ppm，下降了51个百分点。而一半以上的减少（35%）发生在1992—2001年之间。

控制来自固定源（例如发电厂）的二氧化硫排放量通常采取三种形式的措施：清洁能源，也就是我们所知的燃料富集；燃烧时的脱硫处理；或者燃料气化处理。

富集的目的是为了在燃料燃烧之前可以去除尽量多的硫。在燃料燃烧时，含硫量低的燃料所产生的二氧化硫也更少。富集通常通过一个物理过程来完成，从煤中将硫铁矿硫这种形式的硫分离出来。硫铁矿硫是硫矿（最主要的硫化物）的组成部分，它与煤之间不产生任何的化学结合力。它的名字来源于在煤、黄铁矿或硫铁矿（FeS_2）中都能经常发现的矿物硫的形式。

矿物硫在密度上与煤有显著的区别，因此通过利用密度不同来分离物质的方法就可以将矿物硫从煤中去除，这样的方法有旋流器、干旋流器和浮选等。例如在旋流器中，煤与水的混合浆液被引入中心有一个圆筒的离心分离机状的大罐子。

当罐子旋转起来时，硫化物就从罐子的内壁被甩到外面，而煤则向上喷出，通过中心的圆筒排出罐子外。干旋流器的工作过程与旋流器很类似，只是装入设备中的并不是煤水混合浆液而是干的煤。浮选用来去除离心去污法无法除掉的较小的硫颗粒。这一过程是建立在硫颗粒有黏水的特性而煤不黏水这一原理上的。第一步要将煤细致地磨光，然后加入水和用于浮选的化学物质。加入浮选的化学物质的目的是为了起泡或起沫。最常用的起泡剂是醇类和甲基异丁基甲醇（MIC）。随后就可以对这一混合液进行分离了，漂浮在上面的稀薄的黏着硫的泡沫通过一个排水管排出，只留下清洗过的煤。

燃料富集可以有效地去除煤中所含有的一半以上的硫铁矿硫。

但是这些方法没有一个可以有效去除与煤粒子紧密结合的有机硫。

在燃烧过程中一种最有效的去除煤中硫的方法叫做流化床燃烧技术。在这一过程中，被精细打磨过的煤与石灰石混合，悬挂在一张大屏上面，屏的下方有一个喷嘴向上喷出气流，然后开始燃烧。充足的空气以及煤很大的表面积使得燃烧可以高效地进行。同时，燃烧过程中形成的二氧化硫则与石灰石反应而被吸收：

$$CaCO_3+SO_2 \longrightarrow CaSO_3+CO_2$$

燃烧温度保持得相对比较低，在750—925℃的范围之内，又防止了氮氧化物的产生。流化床燃烧技术一般可以去除煤中95%以上的硫。

大多数补充燃烧清洁系统都采用洗涤器来去除二氧化硫。洗涤器是一种内部含有一些可以与烟道气体中的二氧化硫反应的化学物质的清洁设备。一般使用的洗涤器分为湿洗的和干洗的两种。

顾名思义，这两种方法的区别就在于是否加入水与化学物质混合来去除二氧化硫。在湿洗涤器中，化学物质溶解在水中或与水混合然后喷洒到烟道气体中；而在干洗涤器中，化学物质被磨成粉然后喷洒入烟道气体中。

现在的洗涤器中最常使用的化学物质就是石灰石（碳酸钙；$CaCO_3$），因为它可以很容易与二氧化硫反应生成亚硫酸钙（$CaSO_3$），而亚硫酸钙可以被收集起来作为石膏出售。最近几年，一种新设计的洗涤器开始被各大工厂所引进（图2-5），它使用的是熟石灰［氢氧化钙；$Ca(OH)_2$］而不是石灰石：

$$Ca(OH)_2+SO_2 \longrightarrow CaSO_3+H_2O$$

现在大多数的工业生产设备都配备了污染控制系统，如图中一家化工厂所使用的设备，就是用来减少排放入大气层中的二氧化硫和氮氧化物的含量。

图 2–5　工业污染控制系统

熟石灰的化学反应活性比石灰石更强，因此用来去除烟道气体中二氧化硫所需要的量相对就更少。

其他一些碱性化合物也开始被用在洗涤器中，作为去除二氧化硫的新化学物质。其中最有希望的一类是胺类。胺是一种有机化合物，它相当于氨中的一个或几个氢被烷基取代（$R-NH_2$）。胺类与二氧化硫很容易反应形成盐。当盐被蒸汽处理以后（一种被称为气提的过程），其中的二氧化硫被溶解去除，而胺又再次形成。这样胺就可以在新的一轮除二氧化硫循环中被再次使用了。

悬浮颗粒

悬浮颗粒这一短语是用来形容那些漂浮在大气中的固体颗粒和液体液滴的。悬浮颗粒的产生来自很多的自然与人为排放源。薄雾和浓雾都是自然悬浮颗粒的表现形式，另外还有扬沙、灰尘、森林火灾的烟雾以及像细菌、真菌孢子和花粉这样的生物物体。化石燃料的不充分燃烧是悬浮颗粒最主要的人为来源之一。这一过程向空气中排放出未燃烧的碳颗粒、硫氧化物和氮氧化物以及大量的有机化合物。

构成悬浮颗粒的微粒与液滴的大小差别很大。有些大到肉眼就可以识别，比如沙尘暴中搅动的一些细沙颗粒；另一些则小到肉眼无法看见。一般来说，这些微粒与液滴根据其大小主要可以分成两大类：直径小于或等于2.5 μ（微米）的微粒用$PM_{2.5}$来表示；直径在2.5~10 μ之间的微粒用PM_{10}来表示。“细”和“粗”这两个词有时候也被分别用来形容$PM_{2.5}$和PM_{10}这两种微粒。

悬浮颗粒也可以根据其构造不同来进行区分。一些以细小的微粒或液滴形式被直接排放到大气中的悬浮颗粒被称为初级颗粒。从海面上吹走的水和盐的液滴就是初级颗粒的一种。其他一些颗粒则是在空气中通过化学和/或物理反应而形成的。

例如发电厂中排放的二氧化硫与空气中的氧和水反应形成硫酸液滴，这也构成了酸雨的主要成分。像硫酸液滴这样的化学反应形成的悬浮颗粒被称为次级颗粒。

虽然直到1999年起才出台了一套监测$PM_{2.5}$和PM_{10}的完整程序，但是早在1987年美国环保总署（EPA）和其他一些联邦机构就开始将某些悬浮颗粒纳入空气质量监测和排放标准中。来自770个监测站的数据显示PM_{10}的空气质量发生了明显改善，全国空气平均浓度从1992年的每立方米不到30微克（μg/m³）下降到2001年的不到25微克（μg/m³）。在过去20年中，PM_{10}颗粒的排放量也一直保持着下降的趋势，从1985年的约420万短吨（380万吨）下降到2001年的约360万短吨（330万吨）。

EPA从1992年起开始记录$PM_{2.5}$颗粒的排放数据，并从1999年起将这一污染物纳入空气质量评价体系中。这些数据显示$PM_{2.5}$的直接排放量在被监测的这段时间内下降了10个百分点，从1992年的约275万短吨（250万吨）下降到2001年的约240万短吨（220万吨）。在进行监测的很短的这段时间中，$PM_{2.5}$浓度从1999年的约14 μg/m³下降到2001年的约13.3 μg/m³，下降了约5个百分点。

监测设备创造出$PM_{2.5}$和PM_{10}这两个符号标志的其中一个原因是由于大于这些尺寸的微粒就会无法通过人类的呼吸系统而造成堵塞。它们既无法通过呼吸呼出也不会在上呼吸道系统中堵塞，而是通过咳嗽、吐痰、打喷嚏及其他类似的过程被排出体外。人类机体通过上述一种或几种功能将体内吸入的约99%的悬浮颗粒从呼吸系统中排除。一小部分的微粒进入气管和肺部，被黏液阻挡并通过上述所说的一种功能被排出体外。

少数的直径小于10 μ的颗粒可以穿透进入呼吸系统的更深处，堵塞住肺部的毛细管和肺泡。当这样的情况发生时，一些健康问题也相应地产生了。

这些健康问题的严重程度由很多因素决定，其中一条当然是人呼吸的空气中的悬浮颗粒浓度和吸入的时间长度。

吸入过多的悬浮颗粒对那些已经有一些呼吸系统疾病或心脏病的人，以及老人和儿童的健康危害最为严重。当周围的悬浮颗粒浓度达到$PM_{2.5}$颗粒约40 μg/m^3和PM_{10}颗粒约150 μg/m^3时，这样的问题就开始显露出来。例如在沙尘暴中、没有铺柏油和砖石的沙土路面上以及汽车尾气排放量很高的地区，就可能达到这样的浓度。$PM_{2.5}$和PM_{10}颗粒的浓度如果进一步增加，则一些更加严重的健康问题就会产生，这些问题包括哮喘、支气管炎、肺气肿和心脏疾病等。

长期在悬浮颗粒浓度特别高的环境中工作的个人特别容易由于这一污染物而感染疾病。例如在石棉矿工作的人们就很容易患上一种通常属于致命性的疾病——石棉沉滞病，患上这一疾病的病人肺部的空隙（组织之间的空间）都被石棉矿物的纤维所填满。类似的情况在吸入煤矿尘埃的煤矿工人身上（肺尘埃沉着病，或黑肺病）、纺织工人身上（棉屑沉着病，或褐肺病），同泥土、砖、硅土、玻璃以及其他制陶原料打交道的工人身上（硅肺病）以及长期在铍烟浓度很高的地方工作的人身上（铍中毒）都有可能发生。

除了已经介绍过的健康问题以外，悬浮颗粒还造成了两种环境问题。其中一个问题就是“酸沉积”，在这一过程中一些次级微粒被雨、雪、冰雹或其他的降水形式带到地面。随后这些颗粒就对其落下位置的生物和非生物造成威胁。（在第三章中会详细讨论酸沉积。）另一个问题是降低能见度：当空气中悬浮颗粒的浓度增加时空气的清晰程度就会降低。悬浮颗粒以3种方式降低能见度：散射物体射向观察者的光线、散射进入观察者眼睛周围的光线以及吸收一个物体射向观察者眼睛的光线。

这些影响加在一起就将原本悬浮颗粒浓度较低时清晰的能见度

在悬浮颗粒浓度升高时变得朦胧了起来。

美国的国家公园系统就是这一问题变得特别严重的地方之一。去国家公园游览的游客发现，原本给人们带来美的享受的自然风光被糟糕的空气质量给破坏了，使得那些曾经著名的、醒目的公园风貌日渐模糊，只能勉强看见。因此在1977年的《清洁空气法修正案》中专门有一部分的内容就要求对全国156个国家公园和自然保护区的污染情况进行监测和控制。由于悬浮颗粒浓度过高造成的能见度降低在安全上也有一定的影响。汽车驾驶员和飞机飞行员有可能发现他们可以看到的距离越来越短也越来越不清楚，这就极有可能与其他车辆和飞机发生碰撞事故。

控制悬浮颗粒的设备有5大类：重力沉积仓、旋风分离机、湿洗涤气器、静电沉降器和集尘器。重力沉积仓有很大的内部空间，烟道气体从里面通过，在重力作用下最大和最重的颗粒就掉了下来。重力沉积仓对去除直径约75 μ或以上的悬浮颗粒十分有效。

旋风分离机是将烟道气体置于其中进行旋转运动的大的离心分离机。气体中稍大和稍重一些的颗粒从分离机的内壁甩出，紧贴在外壁上随后被除去。

在湿洗涤气器中，从上面吹过的烟道气体与从洗涤仓顶部流下的水流接触。水吸收了烟道气体中的颗粒并将它们带到洗涤仓的底部，随后成泥状的颗粒就可以被去除了。

当烟道气体中的悬浮颗粒通过一个电场时会带上电荷。静电沉降器就是根据这个原理设计工作的。当烟道气体通过设备中的电场时，这一设备就会使带上电荷的颗粒与携带相反电荷的金属板接触使其被金属板吸引。被吸引到金属板上的颗粒会被定期擦掉进行处理。

集尘器相当于一个内壁衬有一层半透膜过滤器的巨大的真空吸尘器。进入集尘器内的烟道气体随后通过半透膜再被吹出。烟道气体所携带的悬浮颗粒被半透膜阻挡，然后再从膜上刮除去掉。现在大多数除悬浮颗粒的设备工作效率都很高，其中很多都可以将烟道气体中存在的至少99%的悬浮颗粒去除。

挥发性有机化合物

挥发性有机化合物（VOCs）是指以气体形式存在或非常容易蒸发的含碳的化合物。像苯、甲醛、甲苯、二甲苯、己烷、乙苯、1,3-丁二烯以及一系列被称为多环芳香烃的化合物等都属于挥发性有机化合物。VOCs中绝大多数都属于烃类，一般用化学式RH来表示，其中R可能既代表烷基群也可以代表芳烃基群。烷基群是指少了一个氢的链式烷，而芳烃基群则是少了一个氢的芳香烃。

挥发性有机化合物是在一些工业和制造业生产过程中被排放出来的。例如1,3-丁二烯在合成橡胶的制造过程中是一种重要的原材料：在制造过程中就可能有少量的气体挥发到了空气中。甲醛则是一种用来制造各种建筑材料的原料，这些建筑材料包括苯酚甲醛和三聚氰胺树脂等。很多家用产品中都含有VOCs，如清洁产品、油漆、蜡、涂料和有机溶剂等都在其列，当它们被使用时，其中所含有的VOCs就会很容易挥发进入空气中。因此VOCs通常在室内比较容易积累。

美国环保总署和其他的联邦组织从1940年起就开始收集VOCs排放量的数据。由于EPA并没有将VOCs纳入他们监测计划中需要监控的污染物质的范畴，因此我们目前无法得到可供比较的它对空气质量造成的危害数据。VOCs排放的量从1940年的约1.65千万短吨（1.5千万吨）上升到最多时1970年的约3.08千万短吨（2.8千万吨），直到1998年才又回落到1940年的水平。从那时开始VOCs的排放量就几乎维持不变了。

排放入空气中的所有VOCs中约有40%来自路上的车辆，另外32%来自溶剂的使用和挥发，还有大约12%来自燃烧作业，而剩下的17%则来自各种其他的排放源。

由于它们有在室内积累的趋势并与生物发生反应而破坏生命组织，因此VOCs是室内空气污染的最主要的构成因素。吸入少量的VOCs会造成一些令人讨厌但相对来说比较轻微的症状，像眼睛、鼻子、喉咙和呼吸道系统的刺激；头疼、疲劳、头晕和恶心以及皮肤上的过敏反应。像苯、甲醛、全氯乙烯以及甲苯和二甲苯的衍生物等一些挥发性有机化合物受到了更加严肃的重视，因为人们发现它们都具有致癌性质，因此长期呼吸这些化合物可能造成更加严重的健康问题。

但是VOCs造成的最严重的健康和环境问题与它们所构成的光化学烟雾有关。光化学烟雾是当阳光将氮氧化物和挥发性有机化合物转化成有毒害的化学物质时所发生的一种空气污染的形式。“烟雾”这个词本身是“烟”和“雾”这两个词的缩写。它最早是在1905年由一位公共卫生医师H.A.德辅博士（Dr. H. A. des Voeux）创造出来的，他在伦敦的公共卫生会议上宣布“不需要科学观测我们就可以发现在大城市中正在产生一些在乡村所看不见的东西，这就是带有烟的雾，或者可以称为‘烟雾’”。

烟雾是由很多环境因素造成；当太阳的能量促成了这种情况的发生时，我们就把它称为光化学烟雾。光化学烟雾的产物和破坏作用是十分复杂的，包含了成百上千种不同的化学反应。对这些反应的完整讨论已经超过了这本书所要讨论的范围，但是下面我们还是可以对一些可能发生的一般变化进行简要的描述。

在产生光化学烟雾的第一步中，阳光（$h\nu$）触发二氧化氮反应生成一氧化氮和游离的氧原子：

$$NO_2+h\nu \longrightarrow NO+O$$

反应中形成的氧原子很容易和空气中的氧气反应形成臭氧（O_3）。在接下来的反应式中的M代表了一些起到催化剂作用的第三类物质，去除了O_2/O的能量冲突，使该反应在热力学上可行：

$$O+O_2+M \longrightarrow O_3+M$$

反应生成的臭氧的量由一个与一氧化氮发生“纯化”反应的范围来控制：

$$O_3+NO \longrightarrow O_2+NO_2$$

由于一氧化氮会抢夺臭氧分子，随机攻击并将其转化成氧气分子，因此整个反应的程度与这一过程密切相关。

这三个反应构成了一个从二氧化氮的产生（通常来自汽车尾气的排放）而开始的循环，最后生成大量的氧原子和臭氧。当二氧化氮的浓度减少时（在夜晚汽车数量趋向减少期间），纯化反应就会将大气层中过量的臭氧分子除去。

这一循环反应中产生的氧原子又引发了两个重要的链式反应的其中之一。一开始它们与水分子反应生成反应活性很高的（用星号表示）氢氧根：

$$O^* + H_2O \longrightarrow 2OH^*$$

接着氧原子和汽车尾气中的烃类（VOCs）反应生成可能含有氧或不含有氧的自由基（含有一个自由未成对电子的原子或分子，在下面的反应方程式中用符号R·来表示）。

$$O + RH \longrightarrow R\cdot$$

活性很高的氢氧根和臭氧也可能产生类似的变化：

$$OH^* + RH \longrightarrow R\cdot + H_2O$$

$$O_3 + RH \longrightarrow R\cdot$$

由于自由基R·很容易就能和氧气反应形成羟基自由基ROO·，而羟基自由基本身又能引发一系列重要的反应，因此自由基R·显得特别重要：

$$R\cdot + O_2 \longrightarrow ROO\cdot$$

羟基自由基与二氧化氮之间发生的一系列反应中，最重要的一个就是生成羟基烷烃与过氧酰基硝酸酯的反应：

$$ROO\cdot + NO_2 \longrightarrow ROONO_2$$

这一反应中最常见的一种产物就是硝酸过氧酰（PAN），这是光化学烟雾中一种重要且常见的组成部分。硝酸过氧酰、臭氧和刚才提到的一系列反应所形成的很多其他化合物是造成烟雾最初和最剧烈危害的罪魁祸首，这些危害包括眼睛、鼻子和喉咙所受到的刺激。

控制汽车尾气中VOCs排放的主要系统是催化转化器，这一设备在本章前面的部分已经做了详细的介绍（见“氮氧化物”）。同时人们又发明了其他一些新的技术来去除固定排放源所排放的烟道气体中的VOCs。这些技术包括热催化焚化、吸附、吸收和生物过滤。

焚化系统是基于所有的挥发性有机化合物都是可燃的，并且可以很容易地通过燃烧的方法来去除这一理论而设计建造的。燃烧的过程可以不需要催化剂就能达到（加热系统）或者使用催化剂达到（催化系统）。不管使用何种系统，烟道气体都要通入一个燃烧室并在里面同过量的空气一起加热，造成VOCs的氧化。加热系统在750~1 000℃的温度范围内工作，而催化系统则在约350~500℃的温度范围内工作。

吸附系统利用的是VOCs可以被某些特殊物体吸引和吸附（黏在表面上）的特点，最常见的吸附物质就是活性炭。活性炭由细小的碳微粒构成，含有VOCs的烟道气体通过处理仓内铺的一层吸附剂时，它们就被吸附在了吸附剂的表面。这一系统这样设计是为了方便将VOCs从吸附剂上去除从而吸附剂能被再利用，否则吸附了VOCs的吸附剂就只能被直接丢弃，造成了不必要的浪费。

吸收系统的工作原理与洗涤器类似。烟道气体被引入一个大圆筒罐中并向上通过圆筒，在那里它们与一些喷洒下来的溶剂相遇使得VOCs溶解在溶剂中。溶剂可以被去除、蒸发再收集留做将来使用；或者它们可以被焚化或者被丢弃，在这一过程中VOCs被破坏。

在过去的20年中，一些控制和去除VOCs的新奇的系统被开发了出来。其中一项技术就是生物过滤技术。在这一系统中，烟道气体也通过一个大罐子，但是罐子里装的是具有消化和降解气体中有机化学物质能力的微生物。这一过程产生的废物就是二氧化碳和水，这些都是可以直接排放到周围环境中的无害的化合物。

臭氧

臭氧是氧气的同素异形体，化学式为O_3（同素异形体是一种元素的几种不同形式）。也就是说每个臭氧分子中包含3个氧原子，这是它与含量更加丰富的氧气（O_2）的主要区别，每个氧气分子中都含两个氧原子。它是一种有刺激性臭味的淡蓝色气体，化学性质不稳定。

当发生闪电或者其他高能源释放能量时，氧气分子之间就会互相反应生成臭氧，这是产生臭氧的自然因素：

$$3O_2+\text{能量} \longrightarrow 2O_3$$

地球表面附近的臭氧浓度很低，基本上保持在15—45 ppbv（每10亿体积含量）。相反的，在地球上部的平流层中臭氧的含量则更加丰富，那里的臭氧是由紫外线辐射促进氧气分子反应形成的。有时平流层臭氧（“好臭氧”）和对流层臭氧（低层或表面臭氧；“坏臭氧”）之间是有差别的。这一区别主要在于平流层臭氧减少了到达地球表面的紫外线辐射的量，从而减少了皮肤癌和其他疾病的发病率（见“臭氧层减少”）。而与此相反，对流层臭氧则会对人类和其他动物植物的健康造成一定的危害。虽然这两种臭氧之间存在区别，但是不管在哪里产生的臭氧，都具有化学不稳定性。

正如本章之前所介绍的一样，地表的臭氧是由化石燃料燃烧所排放的二氧化氮被太阳能分解形成一氧化氮和氧原子后产生的（见“挥发性有机化合物”）。反应中形成的氧原子随后与氧气反应形成臭氧：

$$NO_2+h\nu \longrightarrow NO+O$$

$$O+O_2+M \longrightarrow O_3+M$$

从1982年开始，美国环保总署就通过379个测控点来记录臭氧空气质量的数据。环保总署使用两套标准来测量空气质量，一套是以8小时测量平均值为基础，另一套则是以1小时测量平均值为基础。1小时平均值从1982年的0.127 ppm下降到了2001年的0.104 ppm。同阶段8小时平均值从0.092 ppm下降到了0.082 ppm。这一趋势在美国的不同地区以及在乡村、郊外和城市都有相当大的不同。例如，1982—2001年，臭氧空气质量的改善状况在新英格兰和西海岸沿线更加明显，而在中西部地区、南部和山区这样的改善就没有这么显著。同时郊区的臭氧浓度一直以来都要比乡下和城市显得高，这是由于风和其他空气流动更容易将城市中产生的臭氧运送到城市附近的郊区中。

由于臭氧的强氧化性使得长期暴露在臭氧环境中会对人类健康和环境造成一定的影响。臭氧分子很容易分解形成氧气以及反应活性很高的氧原子。

$$O_3 \longrightarrow O_2+O$$

氧原子会攻击并破坏酶和其他的蛋白质分子、脱氧核糖核酸（DNA）和核糖核酸（RNA）分子以及其他的必需的生化分子，妨碍生化活动的进行并造成细胞的破坏和死亡。臭氧的浓度和在臭氧中暴露的时间决定了这些生化变化使生物体产生物理紊乱的程度和范围。临床上的症状主要包括眼、鼻、喉的刺激；咳嗽和胸疼以及更易感染像哮喘和支气管炎这样的呼吸紊乱疾病。

和其他污染物质一样，臭氧所造成的影响的种类和程度取决于个人的年龄、活力水平以及平时的健康状况。老人、儿童以及那些已经患有呼吸道和心脏疾病的患者暴露在臭氧环境中所受到的伤害会更大。表2-2是EPA发布的在不同臭氧水平的环境中所造成的健康危害的总结。

表2-2　臭氧对健康的影响

8小时臭氧浓度	空气质量评价	健康影响
0.0~0.064 ppm	好	无
0.065~0.084 ppm	中　等	易感人群须控制户外活动时间长度
0.085~0.104 ppm	对敏感人群健康不利	易感的儿童、成人和有呼吸道疾病的患者须控制户外活动时间长度
0.105~0.124 ppm	不健康	易感的儿童、成人和有呼吸道疾病的患者应避免长期的户外运动，其他人都应该控制户外运动的时间
0.125 ppm以上	很不健康	易感的儿童、成人和有呼吸道疾病的患者应避免所有的户外运动，其他人都应该控制户外运动的时间

在阳光照射的情况下，空气中的氮氧化物会与挥发性有机化合物反应生成臭氧。因此使用可以减少NO_2和VOCs排放的设备系统就可以达到控制臭氧产生的目的。

铅

一些金属及其化合物也被发现可能对人体和其他动植物的健康造成危害。当它们出现在空气中时，这些金属有时候就被称为污染物质。例如在1990年的《清洁空气法修正案》中的标题Ⅲ，就把下列元素及其化合物列为“危险的空气污染物”：锑、砷、铍、镉、铬、钴、铅、锰、汞、镍和硒。

在这些化学物质中，EPA一直以来只对其中的一种元素造成的影响进行监测和关注，那就是铅。这是因为铅［以四乙基铅的形式，$(C_2H_5)_4Pb$］曾经作为一种用来减少汽车发动机“碰击”问题的燃料添加剂而被人们广泛地使用。但是由于铅所造成的健康问题，从1976年起就禁止在汽车燃料中加入四乙基铅了。

1970年排放入大气层中的铅的总量约为24.2万短吨（22万吨）。这其中有95%的量是来自汽车尾气中通过四乙基铅的分解被排放到空气中的。其他5%的铅的排放来自冶炼厂、电池厂和固定排放源所使用的燃料。到20世纪末，铅的总排放量已经下降到约5 500短吨（5 000吨），这一减少主要是由于1976年禁止在汽油中使用四乙基铅以后所发生的。现在冶炼厂和其他一些金属加工活动所排放的铅的量占排放到空气中的铅的总量的一半左右，而剩下的几乎所有铅的排放基本上都来自固定的燃料燃烧源和垃圾处理过程。2001年，EPA的39个测量点监测到的铅的平均浓度已经下降到了0.1 $\mu g/m^3$以下。

铅对健康的影响已经被研究得很广泛了。其中受到特殊关注的一点就是，这一金属在血液、骨头和软组织中的积累会对神经系统、肾脏、肝脏和其他器官造成严重的损害。因此，一个长期摄入少量铅的人很有可能产生一些严重的慢性疾病和生理上的失调。这些症状包括像癫痫、智力发育迟缓和行为紊乱这样的神经损伤；呕吐、腹泻、抽搐和昏迷；高血压和心脏病以及贫血、厌食、腹痛、便秘、疲劳、失眠、烦躁和头疼等。如果长期或大量摄入铅，则会由于铅中毒而造成死亡。

铅对人类之外的其他动植物的毒害作用并没有被广泛地研究过。然而其中很受关注的一个领域则与以运动为目的的捕杀动物有关。例如研究表明，由于子弹中的铅而被毒死的水鸟数量是被猎人直接射死的水鸟数量的7倍。因此军火制造商正在积极地寻找替代品来取代之前大多数子弹的基本组成部分——铅。

在寻找控制空气污染物方法的道路上，20世纪70年代禁止使用含铅汽油的命令无疑是最成功的一笔。正如前文所述，在这一禁令正式实行之后没几年的时间内，空气中铅的浓度就产生了显著的下降并一直保持在了一个很低的水平上。通常控制铅排放的措施主要集中在改进生产方法来去除空气中、冶炼厂废水中、金属生产厂和其他类似工厂所排放的铅。现在一般使用的最常见的系统是对传统的废水控制技术的改进，人们使用物理设备（像集尘器）或化学设备（像沉淀反应）从废水中将铅颗粒提取出来，防止铅被排放到环境中。

空气质量标准

根据1970年的《清洁空气法》以及1990年的修正案中的条款，美国环保总署有义务制定国家环境空气质量标准（NAAQs），对那些认为是对公共卫生和环境有害的污染物进行控制（参见表2-3）。这些标准分为两类：初级的和次级的。初级标准适用于那些对污染比较敏感的人群，包括老人、儿童和患有呼吸道疾病的人。次级标准则适用于普通民众和对环境中其他部分造成的威胁，包括能见度、动物、农作物、蔬菜和建筑等。

2004年6月生效的美国国家环境空气质量标准总结在下面的图表中。在这张表中只标出了6种空气污染物：一氧化碳、二氧化氮、臭氧、铅、悬浮颗粒和二氧化硫。这些污染物被称为“标准污染物”。

1970年的地球日以后，美国全国的空气质量已经有了明显的改善。对所有6种标准污染物的空气质量测量数据也都有了改善，有些进步是十分显著的。但是控制空气污染的战役永远不会结束。正如本章所指出的，很多污染物的排放量正在持续增长。希望更加严格控制空气质量的人和希望先保护经济发展而其他慢慢来的人之间的对话也将继续进行下去。毫无疑问，这样的辩论很难结束，将在未来一直持续下去。

表2-3　美国国家环境空气质量标准（NAAQs）

污染物	初级标准	平均时间*	次级标准
一氧化碳	9 ppm（10 mg/m^3）	8小时	无
	35 ppm（40 mg/m^3）	1小时	无
铅	1.5 μg/m^3	每季度平均	同初级标准
二氧化氮	0.053 ppm（100 μg/m^3）	每年（算术平均值）	同初级标准
悬浮颗粒（PM_{10}）	50 μg/m^3	每年（算术平均值）	同初级标准
	150 μg/m^3	24小时	
悬浮颗粒（$PM_{2.5}$）	15 μg/m^3	每年（算术平均值）	同初级标准
	65 μg/m^3	24小时	
臭氧	0.08 ppm	8小时	同初级标准
	0.12 ppm	1小时	
硫氧化物	0.03 ppm	每年（算术平均值）	—
	0.14 ppm	24小时	—
	0.5 ppm（1 300 μg/m^3）	3小时	—

来源：美国环保总署

* 平均时间是指规定允许的暴露所发生的时间。

三

大气化学：大气的变化

在过去的50年中，越来越多的科学家开始注意到人类的活动可能会对地球大气层的成分产生深刻的影响。首先，一些重要的工业气体已经开始破坏臭氧层。臭氧层是位于平流层上的一层很薄的气体，而它可以保护地球上的生命免受紫外线辐射的伤害。其次，工厂和电力生产部门排放到空气中的废气经过一系列化学反应会以酸性很强的酸雨的形式落到地面，从而对植物和动物的生命造成危害。第三，化石燃料的燃烧产生的二氧化碳在大气层中积累，很多专家都认为，这也是造成大气层平均温度每年都在增长的罪魁祸首。

这3个例子都向我们展示了一种新的环境问题，那就是对空气原来固有成分造成改变的威胁。造成这一问题有两个主要原因，一个是人口统计学上的，另一个是技术上的。在人口统计学上，地球人口面临的前所未有的高增长是造成每年排放入空气中的大量污染物的主要原因。在技术上，很多技术的进步都伴随着向空气中排放更多的废气，既包括燃烧产生的废气，也包括无数人造合成的化合物。

大气的性质

有人可能会猜想，人类的活动究竟能够给地球的大气造成多大的威胁呢？我们星球周围的空气占据了大约70亿立方英里（300亿立方千米）的巨大空间，这是一个常人无法想象的巨大的体积，同时还拥有约5.5×10^{30}短吨（5×10^{30}吨）的巨大质量。即使给出了与此相关的废气的量，这么多人为排放的气体难道就真的会对大气层的组成、温度或其他性质造成显著的影响吗？ 假设在过去的50年中科学家们测量到某种气体（二氧化碳）的浓度增长了60 ppm（每百万体积浓度）。我们可以想象这样一个小变化真的会对大气和气候产生如此严重的长期影响吗？

长期以来有关大气的议题就一直摆在我们面前。烟雾、悬浮颗粒、臭氧和其他一些类似污染物所造成的危害相对容易被认识到。我们可以经常看见、闻到甚至是尝到我们周围被污染了的空气。但是很难让全世界每个人都去想象在我们头顶上几十千米的大气中的臭氧层正在被分解的事实，也很难让他们去想象这样的变化究竟会对人类的日常生活造成怎样的影响。除此之外，即使没有了所有人类的活动，地球的大气也并不是恒定不变的，但是本质上是不变的。自然演化的过程在不断地改变着地球大气的组成、温度以及其他性质。例如火山爆发就能喷发出大量的固体、液体和气体物质，这些物质在接下来的数月甚至数年时间里不断改变着空气的固有性质。

历史上有记载的最剧烈的一次也许就是1883年8月26日位于爪哇岛西海岸外的喀拉喀托火山（Mount Krakatoa）的爆发了。科学家估算那次喷发一共向空气中释放了超过5立方英里（超过20立方千米）的物质，其中一些物质甚至被喷射到50多英里（80多千米）的高度。从喀拉喀托火山释放出来的火山灰遮天蔽日，使得当地整整两天都看不见阳光，整个海岛如黑夜一般，直到两天以后在风的吹动下才渐渐散去，飘向全球各个地方。即使火山灰已经消散了，但剩下的火山灰的浓度也足以使到达地表大气的阳光量大大减少，这直接导致了第二年整个地球的平均气温下降了2℉（1℃）多。直到5年以后世界的年平均气温才恢复到原来的正常水平。

虽然像喀拉喀托火山爆发这样的自然灾害时有发生，但是科学家们现在更清楚的是人类活动对地球的大气可能产生的影响会更加严重也更加长期。其中在历史上首先被人注意到的一大影响就是由于化石燃料的燃烧而造成的酸性降水的增加。酸性降水也被人们称为酸雨或酸沉降。其次就是在20世纪中叶发现的平流层臭氧层的减少。最近，大气科学家们又确认了“温室气体”与全球变暖之间的关系。

酸雨

酸性降水这个词指的是所有的降水形式，包括降雨、降雪、雨夹雪或冰雹，只要pH值小于正常雨水的降水都称为酸性降水。pH值是用来测量溶液中氢离子浓度的，人们用它来表征溶液的酸度。纯水的pH值是7.0，酸性溶液的pH值小于7，而碱性溶液的pH值则大于7。

由于在通过大气层落到地面上的过程中吸收了空气中的二氧化碳，因此降雨和其他典型的降水形式的pH值都小于7。当二氧化碳溶解在水中时，它会与水反应形成一种弱酸碳酸（H_2CO_3）的形式：

$$H_2O+CO_2 \longrightarrow H_2CO_3$$

正是因为这一反应，使得雨水的pH值接近5.6左右。

“酸雨”这个词是在1872年由英国化学家罗伯特·安格斯·史密斯（1817—1884）最早提出的。史密斯通过研究英格兰曼彻斯特（Manchester）附近地区雨水的成分发现了它们对该地区的土壤和植物所造成的影响。通过他的研究，确认了3种酸雨的形式并记录了每种形式的酸雨在哪些地方比较典型：“碳酸铵出现在距城市较远的农田中，……硫酸铵出现在郊区，而……硫酸则出现在城镇上。”1852年，史密斯首先将他的研究成果写成论文发表在《曼彻斯特文艺和社会哲学纪念论文集》（*Memoirs and Proceedings of the Manchester Literary and Philosophical Society*）中，论文题为“论曼彻斯特的空气和雨水”（On the Air and Rain of Manchester）。他最终确认自己所发现的酸雨现象是由曼彻斯特地区大量的工厂所产生的浓烟造成的，并且成功地让政府通过了在城市周围设立若干“无烟区”的法律。

但是在此后的70年间，史密斯的研究并没有在科学界造成很大的影响。在这段时间里，欧洲地区只有少数科学家对酸性降水问题产生了一些兴趣。例如瑞典的生物学家J.R.埃里克森-琼斯（J.R.Erichsen-Jones）在20世纪30年代末期报告了降水中的酸会将泥土里的铝溶解，而这些被酸溶解的铝又会造成某些水生生物的中毒。

现代对酸雨的研究应该追溯到英国生态学者艾维尔·戈勒姆（Eville Gorham，1925—　）所做的工作。20世纪50年代期间，戈勒姆撰写了一系列关于酸雨及其对水生生物影响的文章。他指出，酸性降水会造成淡水湖的碱性降低并使沼泽的酸性增加。他论证了这些影响都是由于燃烧化石燃料产生的化合物特别是硫酸造成的，而硫酸则是由废气中的二氧化硫形成的。戈勒姆列举了冶炼厂附近的植被、土壤和湖水所遭到的破坏状况来支持自己的观点。

20世纪60年代，瑞典土壤科学家思凡特·奥登（Svante Odén，1924—1986）所做的工作在阻止酸雨产生的研究中是一个重要的转折点。在那段时间，斯堪的纳维亚地区各国的自然环境正遭受前所未有的严重破坏，而其罪魁祸首则是欧洲其他地区的工厂排放的废气所形成的酸雨。季风将英格兰产生的废气向东吹，又将德国西部工业地区产生的废气向北吹，最终这些废气越过了挪威、瑞典和芬兰的大片森林来到了美丽的斯堪的纳维亚半岛。奥登不仅将他的研究结果发表在了科学通信上，还将他的观点写成文章发表在报纸上。他控诉英格兰、德国和欧洲其他地区的国家在斯堪的纳维亚地区发动了一场“阴险的化学战争”。

起初，其他科学家和普通民众对奥登的观点表示怀疑。很难想象地球上一个地方排放的废气竟会对千里之外的另一个地方的自然环境造成如此惨重的影响。但是随着时间的流逝，越来越多的研究结果证实了奥登的观点是正确的，并最终使他赢得了“酸雨之父”的称号。

现在我们对形成酸雨的机制以及它对环境造成的影响已经十分清楚。这一过程中最初的元凶是发电厂中燃烧含硫矿物而产生的二氧化硫：

$$S+O_2 \longrightarrow SO_2$$

一旦二氧化硫被排放到大气层中，它就会经历一系列反应而形成硫酸。这些反应有时候会比较复杂，并且可能经历至少3种不同的反应路线。这些反应序列的第一步，在一些金属催化剂（M）存在的情况下，二氧化硫会先和大气中的羟基反应生成亚硫酸基（$HSO_3\cdot$）：

$$SO_2+OH\cdot+M \longrightarrow HSO_3\cdot+M$$

然后亚硫酸基和氧原子反应生成三氧化硫和氢过氧自由基（$HO_2\cdot$）：

$$HSO_3\cdot+O_2 \longrightarrow SO_3+HO_2\cdot$$

这一反应中形成的三氧化硫十分易溶于水，它在小液滴中溶解形成硫酸：

$$SO_3+H_2O \longrightarrow H_2SO_4$$

形成硫酸的第二种路径取决于云、雾、雨和空气中其他形式的水中是否存在过氧化氢（H_2O_2）。目前已知的空气中的过氧化氢是通过氢过氧自由基互相之间反应形成的：

$$2HO_2\cdot \longrightarrow H_2O_2+O_2$$

过氧化氢的强氧化性能够使二氧化硫直接氧化成硫酸：

$$SO_2(aq)+H_2O_2(aq) \longrightarrow H_2SO_4(aq)$$

“(aq)”这个符号表示该化学物质是以含水、水或是水溶液的形式存在的，在这个例子中表示H_2SO_4就是以溶液形式存在的。

在第三种路径中，二氧化硫首先溶解在水中，然后经过一系列反应最后被氧化成硫酸：

首先：$SO_2+H_2O \longrightarrow H_2SO_3 \rightleftharpoons H^+(aq)+HSO_3^-(aq)$

接着：$HSO_3^-(aq)+H_2O_2(aq) \longrightarrow HSO_4^-(aq)+H_2O$

然后：$HSO_4^-(aq)+H^+(aq) \longrightarrow H_2SO_4(aq)$

或：$HSO_3^-(aq)+1/2O_2+M \longrightarrow HSO_4^-(aq)+M$

然后：$HSO_4^-(aq)+H^+(aq) \longrightarrow H_2SO_4(aq)$

反应中的M是铁和/或锰。

氮氧化物对酸雨的形成也起到了一定作用。只要发电厂和工业生产中产生足够的热量就可以促使氮气和氧气反应形成一氧化氮这样的氧化物：

$$N_2+O_2 \longrightarrow 2NO$$

和二氧化硫一样，一氧化氮也经历了一系列复杂的反应才会转化成二氧化氮。例如，它也会和氢过氧自由基反应形成二氧化氮：

$$NO+HO_2\cdot \longrightarrow NO_2+HO\cdot$$

一氧化氮也会和氧原子反应生成二氧化氮：

$$NO+O \longrightarrow NO_2$$

最后，二氧化氮通过不同的方式被氧化成硝酸。例如它可以和羟基反应生成酸：

$$NO_2+OH\cdot \longrightarrow HNO_3$$

硝酸也易溶于水，因此它会溶解在雨和其他形式的降水中，以酸性降水的形式被带到地球表面。

我们更愿意说酸性降水而不说酸雨的一大原因就是之前描述的反应过程中产生的硫酸和硝酸既有可能以湿的形式回到地面也有可能以干的形式回到地面上。当酸溶解在水中以湿的形式降落到地面上时，就发生了像酸雨或酸雪这样的湿降水过程。而当酸或非金属氧化物保持气体形式或附着在固体颗粒上被带到地面上时，发生的就是干降水过程。在所有酸性降水过程中，干性和湿性的降水大约各占一半。

与烟雾这样的地方性环境问题和全球变暖这样的全球性环境问题不同，酸性降水有时候被归类为一种区域性的环境问题。这样分类是因为硫氧化物和氮氧化物的来源地点往往和其对环境造成影响的地点相距甚远。例如在美国，硫氧化物的主要来源是位于中西部各州的发电厂。从这些厂里排放出来的气体可以在大气中保持一周左右。从西部吹来的盛行风往往能将这些气体连同气体中所含的污染物一起带向东部，一直到它们通过降水过程在空气中被慢慢洗刷掉或是通过固体沉降从空气中落下来。而等到那个时候，这些污染物早已经到达美国的东北部各州以及加拿大的大西洋沿岸各省了。这些地方降水的平均pH值往往在大约4.2到4.5之间，相比之下平原各州降水的平均pH值在4.9~5.3之间，更接近自然水平。

在别的一些地方，酸性降水则往往更像是一个地方性问题。例如在西部各州，与二氧化硫相比，汽车尾气所排放出来的氮氧化物才是酸雨更主要的来源。因此造成加利福尼亚酸性降水的更大的凶手不是发电厂而是数量巨大的汽车等交通工具。

酸性降水对环境的影响被研究得最彻底的也许就是它对湖泊、池塘和其他淡水水体的影响了。当酸和氮氧化物、硫氧化物进入这些水体中时，湖泊或池塘里水的pH值往往都会下降。pH值的降低（酸度的升高）对水生生物的生存产生了很大的威胁。例如在pH约为6.0的水中，蜗牛和甲壳类动物就开始死亡。在pH达到5.5时，比较敏感的鱼类如鲑鱼、鳟鱼和虹鳟鱼也开始死亡。而当水的pH值下降到4.5以下时，那些像布鲁克鳟鱼和鳗鱼等生命力最顽强的水生生物也开始走向灭亡。

不同的湖泊对于酸雨的反应也是千差万别，这主要取决于湖底的岩石。比如处在石灰石岩层上的湖水，由于得到石灰石缓冲能力的保护而在一定程度上受酸雨的影响比较小，其化学原理如下：

$$CaCO_3+2H^+(aq) \longrightarrow Ca^{2+}(aq)+CO_2(g)+H_2O(l)$$

反应式中（g）和（l）代表了其之前的物质CO_2和H_2O分别是以气态和液态的形式存在的。碳酸钙造成的氢离子的移动往往使湖水酸度不增加，起到保护湖水的作用。相反的，如果湖水处在花岗岩的岩层上，就不会产生这种缓冲的效果了。因此当相同酸度的酸雨落在这样的湖水中时，湖水的酸度往往就要比石灰石岩层上的湖水的要高。

结合地理、气象和地质方面的情况就可以知道有些河流和湖泊受到酸雨的危害比其他的河流和湖泊要更大。例如，新泽西州的派恩巴伦（Pine Barrens）地区90%以上的河水的pH值都很低，这样高的酸度对于水生生物的生存造成了严重的危害。而阿迪朗达克山区（Adirondack Mountain）里约3/4的湖泊和一半河流中水的酸度都因为酸雨的入侵而变得很高。

酸雨中的酸性物质对植物的生长也造成了严重的威胁。氮氧化物和二氧化硫对植物都有毒害作用。例如在浓度低于0.1 ppmv时，二氧化硫就开始抑制植物的生长。如果浓度进一步升高，在0.1~1.0 ppmv之间时，暴露在其中的植物不出几个小时其受到的损害就开始明显地表现出来。氮氧化物对植物也具有类似的影响，但是由于氮同时也是植物的一种重要的营养物质，因此要将其鉴别清楚有些难度。pH值的降低对植物的生长也具有损害作用，这种损害既包括对植物本身直接造成的损害也包括对植物生长扎根的土壤酸性的破坏。

酸性降水对植物造成破坏最显著的一个例子恐怕就是对树的破坏。一些环保主义者一直在指责由于酸雨的广泛破坏，造成了美国东北部、加拿大的东部和包括德国黑森林（Black Forest of Germany）在内的欧洲很多地方的森林大面积的缩水。这种破坏一开始被发现时往往是树叶开始变黄，这种情况被人们称为植物的“萎黄病”（chlorosis）。接着叶子开始变成褐色并开始死亡。没有树叶来提供氮元素，树最后也会死亡。在1999年开始进行的一项对欧洲森林的研究中，科学家们发现在被研究的所有树木中大约有1/4由于环境因素的综合影响而死亡或即将死亡，而其中最重要的一个因素很有可能就是酸性降水。

酸性降水对植物的影响至今仍然是专家们经常争议的话题。虽然二氧化硫以及其他形式的酸性降水对树木造成的损害是毫无疑问的，但是在过去50年中，造成欧洲和北美森林中树木大面积死亡的原因并不仅仅如此，还有很多其他的因素。例如被污染的空气中的其他成分，像臭氧或者重金属，这些灾祸至少也负有一部分的责任。

酸性降水对环境造成的最严重的破坏包括它对高楼、雕塑、纪念碑以及其他由金属和石头制造的建筑物的破坏。造成这一破坏的原因很简单：酸性降水中的酸会与金属以及构成岩石和其他建筑材料的很多化合物发生反应。例如在氧存在的情况下，铁这样的金属与氢离子接触就会发生腐蚀作用：

$$2Fe(s)+O_2(g)+4H^+ \longrightarrow 2Fe^{2+}(aq)+2H_2O(l)$$

随着空气中酸度的增加，腐蚀的速度也会相应地加快。

由很容易被酸腐蚀的材料建造的建筑也会发生类似的反应，其中最明显的例子就是石灰石材料。当石灰石（碳酸钙）暴露在酸性环境中时，酸就会将石灰石分解：

$$CaCO_3+2H^+(aq) \longrightarrow Ca^{2+}(aq)+CO_2(g)+H_2O(l)$$

就像图3-1展示的一样，经过长时间的作用，暴露在酸性空气中的石像的面部特征就会被渐渐腐蚀。

在第二章中我们已经介绍过了硫和氮的氧化物会对人类和其他动物的生命造成破坏性的影响。如果空气中的二氧化硫的浓度超过6 ppm，人的肺和喉咙就感到不舒服了，会产生嗓子疼、呼吸困难、咳嗽、头疼以及恶心等症状。如果二氧化硫的浓度进一步升高，再加上空气中其他污染物质的影响，就可能引起更加严重的呼吸问题，如支气管炎和慢性肺病等。儿童、老人以及其他患有呼吸道疾病（像哮喘）的病人在这样的环境中危险性会更大。

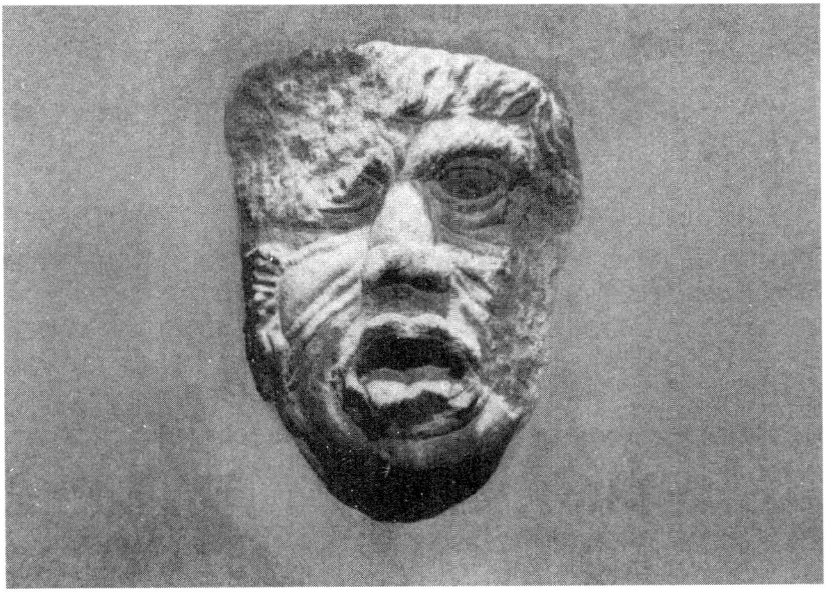

酸雨造成的腐蚀最显著的破坏作用来自它对建筑以及艺术作品造成的损害，其中包括很多雕塑作品，如图中这个位于意大利威尼斯的浅浮雕作品。（克里斯蒂娜·佩德拉齐尼/图片研究者有限公司）

图 3-1　酸雨的危害

美国第一次为解决酸雨问题作出的重要努力应该追溯到1980年，在那一年美国国会创立了国家酸性降水评估计划（National Acid Precipitation Assessment Program, NAPAP）。NAPAP的职责就是要完成一项历时10年的全面而复杂的计划，包括研究、监测以及对引起酸性降水的原因、影响和控制措施进行评估。在NAPAP开始工作的第一个10年中，它一共作出了27份《国家科学技术报告》（*State of Science and Technology Reports*），报告中包含了与酸性降水有关的各方面的内容。1990年，国会在该年的《清洁空气法修正案》标题为

"酸性降水控制计划"的第四部分中，重新确定了NAPAP的职责。这一计划最重要的一个特点就是创立了硫和氮的氧化物的排放标准。这部法律特别要求：（1）到2010年，全国二氧化硫的排放量要比1980年减少40%，最终达到全国排放最高不超过1.5千万短吨（1.36千万吨）；（2）到2000年固定排放源排放的氮氧化物的量减少10%（没有全国限制）。

要达到这些减排目的需要使用的方法基本上和我们在第二章中介绍的减少二氧化硫和氮氧化物排放的方法是一样的，包括了对燃料的预燃清洁、燃烧系统效率的改进，以及使用像洗涤器和静电沉降器等各种各样的从燃料废气中去除污染物的燃后处理系统（图3-2）。

但是这些为了减少酸性降水而作出的努力最终得到的效果却是截然不同。比如加拿大研究者分别安置在新斯科舍省（Nova Scotia）、新不伦瑞克省（New Brunswick）、纽芬兰省（Newfoundland）和拉布拉多省（Labrador）的4个测量站显示，从1980—1995年间硫酸盐降水降低了27~50个百分点。然而在同一时间段内，这4个监测站中仅有一个监测站发现了该地区的酸性降水有了显著减少。

在美国东北部，20世纪80年代的硫酸盐降水同样有了明显减少。在3个环境敏感地区（阿迪朗达克地区、中阿巴拉契亚地区和南部蓝岭山区）（the Adirondacks，Mid-Appalachian，and Southern Blue Ridge mountains）平均年硫酸盐湿性降水量从1983—1994年、1995—1998年这两段时间内分别下降了26、23和9个百分点。这一下降趋势在美国东部的各大监测站搜集到的数据中也可以反映出来，这些数据显示在1983—1994年、1995—1998年这两个监测时间段内，硫酸盐降水减少了26个百分点。

有时候人们会通过往水里加入某些可以中和雨水酸性的基底物质来抵消酸雨带来的一部分影响，图中显示的就是一个向水中添加石灰的例子。（马丁·邦德/图片研究者有限公司）

图 3-2　降低酸雨危害的方法

但是与此同时，氮化合物的湿性降水量的数据却并没有硫化合物这么显著的下降。相同地点的3个监测站的监测数据显示，前两个地区氮降水量仅仅分别减少了5个和4个百分点，而在第三个地区竟然还增加了11个百分点。纵观整个美国东部地区，氮降水的总体趋势仅仅减少了2个百分点。

20世纪90年代由阿迪朗达克湖调查委员会（Adirondack Lakes Survey Commission）主持的一项范围更小的研究也发现了类似的趋势。该委员会发现，1992—1999年，阿迪朗达克山区一些经过筛选的湖水样品显示硫降水减少了92%，但在同样的湖水中氮降水却增加了48%。

这些数据显示，联邦政府在减少二氧化硫排放方面所做的努力在美国东北部和加拿大的沿海诸省取得了一定的成功，使得这些地区的硫降水量有了显著减少，但是在减少氮降水方面却并没有取得同样的成功，其中一部分的原因是由于一些氮的非固定排放源——主要是汽车等交通工具——从1985年以来一直保持着持续的增长。

臭氧层破坏

虽然在解决酸性降水问题上目前取得的成效还有好有差，但是面对另一个全球性的环境问题——处于平流层的臭氧层遭到破坏——则取得了令人刮目相看的成绩。

距地面10~50千米的大气层部分被人们称为平流层，而臭氧层就处在这一区域。臭氧是氧气的同素异形体，一个臭氧分子包含3个氧原子（O_3），而这一区域的臭氧浓度则异乎寻常的高。其实这一地区的臭氧浓度也仅有大约8 ppmv，但是与大气层中其他地区的臭氧浓度相比已经有了明显的升高（除了近地面地区，这一地区由于受到人类活动的影响，臭氧的浓度有时候可能很高）。

臭氧层的存在最早是由法国物理学家阿尔弗雷德·科纽（Alfred Cornu，1841—1902）在1872年提出的，他发现在电磁波为240~310纳米（nm）之间的地区，到达地球表面的阳光会减少一定的量。科纽猜测造成阳光减少的原因可能是由大气层中某些化学物质吸收辐射造成的。他的猜测在两年之后被英国化学家沃尔特·诺埃尔·哈特利（Walter Noel Hartley）所证实，后者测量了臭氧的光学性质并确认它符合科纽所假设的吸收辐射的条件。

最早尝试测量平流层中臭氧浓度的人是两个法国物理学家：查尔斯·法布理（Charles Fabry，1867—1945）和亨利·布苇松（Henri Buisson，1873—1944）。20世纪20年代气象学家乔治·M.B.多布森（George M.B. Dobson，1889—1976）在法布理和布苇松工作的基础上进行了拓展和改进。多布森研究生涯中大部分的时间和精力都花在了平流层臭氧层的研究工作上了，他从全球各地的很多个观测站搜集一年四季不同时期以及每天不同时间段的臭氧浓度数据。为了纪念他为这项研究所作出的贡献，现在我们用来测量平流层中臭氧浓度的单位就被称为多布森。人们定义标准温度和标准压强下（0℃，1标准大气压）0.01 mm厚的臭氧层为一单位多布森（DU）。

第二次世界大战的一个正面作用就是促成了大量研究地球大气层的新技术设备得到了很大的发展。这些技术的一大作用就是促使全球70个国家联合起来一起运作一项很庞大的研究计划，对地质、物理、化学、天文学以及地球的气象性质进行研究，这一计划被称为国际地球物理年（International Geophysical Year，IGY）。尽管名字叫国际地球物理年，实际上IGY的活动进行了整整两年，从1957年开始一直到1958年。IGY研究所关注的一个焦点就是对臭氧层的研究，而对这一问题最重要的研究中心就是由英国南极考察团（British Antarctic Survey，BAS）在南极建立的哈雷研究中心（Halley Research Center）。（BAS至今收集南极点上空臭氧浓度数据已经有40多年了。）从20世纪70年代开始，美国的气象卫星特别是雨云7号气象卫星（Nimbus-7）也开始收集南极洲上空臭氧浓度的另一套数据。

BAS在哈雷湾得到的第一个发现就是南极上空的臭氧浓度每年都在一个正常的基础上进行着波动，春末的浓度比冬天要高大约35%。在这一案例中，“春天”指的是南方或是南半球的春天，大约从9月15日以后开始。在接下来的20年中，科学家们坚持不懈地又进行了更进一步的研究，更加确认了这一季节性变化的可靠性。

但是在1978年，BAS的数据中出现了一种新的变化模式。臭氧浓度在10月份开始回落，而本来在这一个月里臭氧浓度应该上升到最高点的。在接下来的10年中，每当南半球的春天到来的时候，臭氧的浓度就从正常基础上开始持续降低。这种新的变化模式并不是某一年偶然出现的反常现象，而是一种大趋势。全世界的科学家都开始担心这个臭氧保护层正在由于某种不知名的原因而遭到破坏。一般的观点认为，这样的破坏是由于某种人类活动而造成的。

人们提出了一系列的罪因。一些研究者猜测，宇宙飞船的运行和高空喷气式飞机的使用也许是造成平流层臭氧浓度降低的原因。另外一些科学家则怀疑，一些被称为氟氯烃化合物（CFCs）的化学物质才是造成臭氧浓度降低的真正原因。在研究臭氧层减少领域，一项具有里程碑意义的发现来自美国科学家马里奥·莫利纳（Mario Molina, 1943—　）和F. 舍伍德·罗兰德（F. Sherwood Rowland, 1927—　），他们提出了一套理论，解释排放到平流层的氟氯烃化合物是如何攻击并消灭臭氧分子从而起到降低大气中的臭氧浓度的作用的。莫利纳和罗兰德预言，由于氟氯烃化合物的作用，在接下来的一个世纪中平流层臭氧的浓度将减少7%~13%。

臭氧减少的历史在1985年发生了一次戏剧性的转折，J.C. 法尔芒（J.C. Farman）在BAS哈利湾南极科考站宣布，1977—1985年间，南极上空的臭氧浓度减少了40%多。他解释说，臭氧的浓度已经减少到了十分危险的程度，几乎可以说南极上空的臭氧层已经形成了一个“空洞”。1984年，这一空洞的面积已经超过了1 500万平方英里（4 000万平方千米）。很显然，臭氧减少的问题已经不是一个需要科学家们在下个世纪甚至更久的时间里来辩论的长期的问题，而是一个急需引起社会关注并迅速采取补救措施的大问题。

到了1987年，大多数专家确定，造成臭氧减少的首要原因就是排放到空气中的氟氯烃化合物。氟氯烃化合物是20世纪中叶由化学家合成出来的“奇迹化学品”之一。这是由小托马斯·米奇利（Thomas Midgley, Jr., 1889—1944）发现的，他当时是乙基公司（Ethyl Corporation）的一名雇员，这家公司主要生产汽车燃料中的四乙基铅。米奇利是在寻找一种可以用来作为冰箱、冷库以及其他制冷设备中的换热介质（散热剂）的新材料的过程中得到这一发现的。

结果证明，氟氯烃化合物是满足这一要求的理想材料。氟氯烃化合物家族中的成员不可燃、无腐蚀性、无毒、无味并且非常稳定，很快它们就在各种工业应用中得到了广泛的使用。除了在制冷系统中得到广泛使用以外，还成为常用的气雾推进剂、电气电子元件的清洁剂以及塑料制造中的发泡剂。20世纪50—80年代两种最常用的氟氯烃化合物——氟氯烃化合物-11和氟氯烃化合物-12——的使用量发生了显著的增加，1987年达到了顶峰，分别是38.205万吨和42.472 6万吨。到那时为止，国际上开始采取措施减少氟氯烃化合物的产量，以此来防止未来对臭氧层的进一步破坏。

小托马斯·米奇利(1889—1944)

家用冰箱是20世纪最伟大的发明之一。早在1805年,人们就提出了利用某种机械设备来保持食物处于低温环境的想法并且进行了一系列的试验。但是直到1914年才由电气自动化制冷公司(Electro-Automatic Refrigerating Company,后来的家荣华公司Kelvinator Company)生产出了适合普通家庭使用的应用于商业中的机器。但是这样的机器对普通家庭来说价格还是太贵了,因此直到20世纪30年代冷库还是保持食物低温的最常用设备。小托马斯·米奇利的工作彻底改变了这样的局面,他使得更高效的冰箱走进了千家万户。

1889年5月18日,小托马斯·米奇利(Thomas Midgley, Jr.)出生于宾夕法尼亚州的比弗福尔斯(Beaver Falls)。1895年他的家搬到了俄亥俄州的哥伦布市(Columbus),在那里米奇利度过了初中和高中的时光。1905年他进入康涅狄格州斯坦福大学的贝茨学院(Betts Academy)继续完成他的中学教育。两年之后他进入康奈尔大学的机械工程专业学习深造,并在1911年获得了机械工程学位。

毕业之后,米奇利回到俄亥俄州并在国家现金登记公司(National Cash Register Company)开始工作。在这个单位仅仅工作了一年之后,他就辞职离开并开始在他父亲创办的生产销售汽车轮胎的小公司里工作。1916年这家公司倒闭之后，米奇利开始为查尔斯·凯特林（Charles Kettering）工作。凯特林是美国最伟大的发明家之一，也是德科制造公司（Delco Manufacturing）、代顿工程实验室公司（the Dayton Engineering Laboratories Company）的老板。凯特林分配给米奇利的第一项任务就是寻找一种特殊的物质来减少使用汽油的内燃发动机在运行时发出的“敲击声”。虽然米奇利并不是一个化学家，但他还是接受了这个挑战，经过5年的辛苦研究，他终于发现了符合凯特林提出的所有要求的化学物质——四乙基铅。即使在他的一生中除此之外再没有其他重要的发现，四乙基铅的发现也足以将他的名字载入世界技术史的史册中。但是他并没有满足于此，之后他又解决了家用冰箱的重要问题。

早期冰箱的制造和使用中一个主要问题就是它们使用的所有换热剂——如氨、丁烷、二氧化硫和一氯甲烷——不是有毒就是易燃。在这个问题解决之前，向顾客销售这种家用制冷设备的想法一直都面临着严峻的挑战。

1928年，凯特林希望米奇利接受挑战，解决这个问题。“给我们寻找一种安全的物质来作为家用冰箱中的制冷剂吧，”凯特林对米奇利说。米奇利答应了。他先梳理了一遍元素周期表，希望寻找一个最合适的元素组合使其产生的化合物既安全又能够用来作为换热剂，之后米奇利开始试验了大量的化合物，这些化合物分别由碳、氮、氧、氢、氟、氯和溴等元素构成。其中一个化合物是二氯二氟甲烷，也就是后来被称为氟利昂-12的物质。它被证明是在家用冰箱和其他制冷系统中使用的最理想的制冷剂，同时它还具有很多其他很有价值的特性可以满足很多工业生产的需要——至少在20世纪的后25年中，在对平流层臭氧层造成的影响被发现之前的情况是这样的。

在1930年，米奇利宣布了氟利昂-12的发现之后，通用汽车（General Motors）和杜邦化学公司（Du Pont Chemical Company）就联合组建了一个新的公司：动力化学公司（Kinetic Chemicals，Inc.），用来制造和销售这一新产品。米奇利被任命为新公司的副董事长。虽然他拥有这个头衔很多年，但他后来的大部分研究都是在俄亥俄州立大学（Ohio State University）的实验室里完成的。

米奇利在51岁的时候患上了脊髓灰质炎，由于这个疾病通常只有儿童才会得，因此这一事件显得很不平常。最终由于这个病他变成了残疾，但是他发明了一套由绳子和滑轮组成的系统来帮助自己上下床。1944年11月2日，他不小心被缠进了这个系统中并最终由于窒息而死亡。他是在俄亥俄州沃辛顿（Worthington）的家中离开人世的，享年55岁。

氟氯烃化合物是含有碳、氯和氟的化合物。一些常见的氟氯烃化合物的化学结构、名称和物理状态在表3-1中有介绍。氟氯烃化合物在商业上买卖时使用的商业名称是氟利昂，因此氟氯烃化合物-11在商业上是以氟利昂-11的名称进行销售的。

表3-1 一些常见的氟氯烃化合物

化学名称	化学式	常用名	物理状态（室温状态）
三氯氟甲烷	CCl_3F	氟氯烃化合物-11，氟利昂-11	液态（沸点23.7℃）
二氯二氟甲烷	CCl_2F_2	氟氯烃化合物-12，氟利昂-12	气态
氯三氟甲烷	$CClF_3$	氟氯烃化合物-13，氟利昂-13	气态
1，2-二氟-1，1，2，2-四氯乙烷	CCl_2FCCl_2F	氟氯烃化合物-112，氟利昂-112，	固态
1，1-二氟-1，2，2，2-四氯乙烷	$CClF_2CCl_3$	氟氯烃化合物-112a，氟利昂-112a	固态
1，1，2-三氯-1，2，2-三氟乙烷	CCl_2FCClF_2	氟氯烃化合物-113，氟利昂-113	液态
1，1，1-三氯-2，2，2-三氟乙烷	CCl_3CF_3	氟氯烃化合物-113a，氟利昂-113a	液态
1，2-二氯-1，1，2，2-四氟乙烷	$CClF_2CClF_2$	氟氯烃化合物-114，氟利昂-114	气态
1，1-二氯-1，2，2，2-四氟乙烷	$CClFCClF_3$	氟氯烃化合物-114a，氟利昂-114a	气态

当太阳辐射的波长小于242 nm时，就会使一个氧分子分解为两个氧原子：

$$O_2+h\nu \longrightarrow O+O$$

反应生成的游离的氧原子接着就可以与其他的氧分子结合形成臭氧：

$$O+O_2 \longrightarrow O_3$$

这就是地球大气中臭氧形成的过程。这一反应中形成的臭氧分子相对来说不是很稳定，只要太阳辐射的波长小于325 nm就又会分解成一个氧原子和一个氧分子：

$$O_3 \longrightarrow O_2+O$$

最后在臭氧的形成和分解之间达到一种平衡状态，这就产生了一般观测到的平流层臭氧的稳定浓度。

在平流层臭氧浓度降低中，氟氯烃化合物所扮演的角色使一些学者都感到惊讶，因为这些化合物一般都很稳定。事实上，它们的稳定性也是它们在工业和商业生产中受到人们青睐的最重要的原因。但是当氟氯烃化合物释放到大气中并继续向高空飘去时，它们就暴露在了阳光中大量紫外线辐射的环境下，和氧气一样，它们在辐射作用下也会发生分解。以氟利昂-12（CCl_2F_2）为例，光离解作用使得它分解产生游离的氯原子：

$$CCl_2F_2+h\nu \longrightarrow CClF_2\cdot+Cl\cdot$$

我们注意到，那个游离的氯原子同时也是一个自由基，它是一种特别容易发生反应的化学物质，它可以和与它接触的其他原子、分子以及自由基发生反应。例如游离的氯与臭氧分子反应生成氧气和不稳定的一氧化氯（$ClO\cdot$）：

$$Cl\cdot+O_3 \longrightarrow ClO\cdot+O_2$$

反应生成的一氧化氯很容易与氧原子反应如下：

$$ClO \cdot + O \longrightarrow Cl \cdot + O_2$$

这一反应的重要特点就是它又产生了氯自由基，产生的自由基随后又可以与其他的臭氧分子反应。事实上，之前介绍的两个反应的净反应效果就是使臭氧分子分解成双原子的氧气分子：

$$O_3 + O \longrightarrow 2O_2$$

氟氯烃化合物几乎是攻击臭氧分子并破坏臭氧层的最理想物质。一方面，即使是在平流层中，它们往往也很稳定。很多氟氯烃化合物的半衰期达100年甚至更久；那就意味着一旦它们被释放到高层大气中，它们就很有可能在那里保持很长一段时间。而另一方面，少量的一些氟氯烃化合物分子分解形成了氯自白基，对臭氧分子产生了破坏作用。虽然被分解的氟氯烃化合物分子的量相对来说很少，但是这一过程中产生的氯自由基可以循环反复，因此去探讨被分解的氟氯烃化合物的确切数量并不是问题的关键。也就是说，在臭氧消耗的过程中它们只是一个催化剂，在与臭氧分子反应的过程中，它们本身并不会被消耗。

氟氯烃化合物是造成臭氧分子损耗的最重要的化学物质，但绝不是唯一的化学物质。很多年以来，科学家们认识到，平流层中的氮氧化物既具有增加臭氧浓度的作用又具有减少臭氧浓度的作用。在紫外线（hν）辐射存在的情况下，通过经历类似于低空对流层中发生的紫外线介导反应，氮氧化物就会起到增加臭氧浓度的作用。例如：

$$NO_2 + h\nu \longrightarrow NO + O$$

接着：$$O+O_2+h\nu \longrightarrow O_3$$

但是氮氧化物似乎更容易发生类似于包含氟氯烃化合物的反应，从而造成臭氧的损耗。例如人们已经认识到一氧化氮在平流层循环反应中也起到了催化剂的作用，这和氯参与的那些反应很类似：

$$NO+O_3 \longrightarrow NO_2+O_2$$

$$NO_2+O \longrightarrow NO+O_2$$

产生的净反应：

$$O_3+O \longrightarrow 2O_2$$

另一个包含氮氧化物的臭氧消耗循环如下：

$$NO+O_3 \longrightarrow NO_2+O_2$$

$$NO_2+O_3 \longrightarrow NO_3+O_2$$

$$NO_3+h\nu \longrightarrow NO+O_2$$

净反应是：

$$2O_3 \longrightarrow 3O_2$$

随着科学家对平流层中臭氧消耗的化学过程研究越来越深入，抵御发生反应的选择也越来越多。但是解决臭氧层消耗问题的方法与那些有效解决酸雨问题的办法是截然不同的。像酸性降水这样的区域性环境问题通常要求两个以上国家的合作。例如，在解决美国东北部和加拿大东部的酸性降水问题上，依靠的就是美加两国政府的通力合作。但是像臭氧层损耗这样的全球性环境问题则要复杂得多，它要求的是全球各个国家的共同努力。在这种状况下要想达成行动的共识总是相当的困难。然而在某些案例中这样的共识已达成，即使臭氧消耗的问题并没有被完全解决，但是至少降低的速度已经显著减缓。正如表3–2所显示的一样，在过去的70年间，氟氯烃化合物的生产已经出现了显著的减少。

表3–2　氟氯烃化合物生产：1930—2000*

年份	氟氯烃化合物–11	氟氯烃化合物–12	年份	氟氯烃化合物–11	氟氯烃化合物–12
1930	0	544	1945	363	20 094
1935	45	998	1950	6 623	34 564
1940	181	4 536	1955	26 263	57 606
1960	49 714	99 428	1985	326 814	376 339
1965	122 833	190 056	1990	232 916	230 950
1970	238 136	321 099	1995	32 683	82 822
1975	314 068	380 973	2000	9 900	24 564
1980	389 619	350 219			

* 数据使用的单位都是吨

氟氯烃化合物的减少应该归功于1987年9月在加拿大的蒙特利尔召开的国际会议。在那次会议上，24个国家和欧盟（European Community，由12个国家签署协议产生的一个独立的实体）达成了一个协议，要求在经过特定的一段时间以后将减少消耗臭氧的化学物质的生产。最初的《关于损耗臭氧层物质的蒙特利尔议定书》（*Montreal Protocol on Substances That Deplete the Ozone Layer*）对氟氯烃化合物的生产制定了一系列的标准，其中包括到1990年氟氯烃化合物的排放量始终保持在1986年的水平，到1994年氟氯烃化合物的排放量比1986年减少20%，到1999年氟氯烃化合物的排放量比1986年减少50%，并且到1999年氟氯烃化合物的生产量也要减少50%。

《蒙特利尔议定书》还设立了一个研究项目，用来监测消耗臭氧的化学物质的生产和排放量以及平流层臭氧浓度的变化。当这些研究开始生效时，科学家们断言《蒙特利尔议定书》还是太保守了，并警告说要保护臭氧层就需要采取更强有力的措施。结果，《蒙特利尔议定书》的签署者们（现在超过了100个国家）又分别于1990年在伦敦、1992年在哥本哈根召开2次会议，每次会议都会对消耗臭氧的化学物质的生产提出一个更加严格的禁令。在哥本哈根会议中，78个国家同意加快停止生产氟氯烃化合物以及其他消耗臭氧的化学物质的日程。一个完全淘汰氟氯烃化合物生产的新目标日期被提了出来：1996年1月1日。会议同时还确定，到1994年1月1日，全面淘汰另一种只包含碳和氟的类似于氟氯烃化合物的产品——哈龙（halons）。

所有这些努力产生的影响又是什么呢？不幸的是对这个问题我们并没有一个简单的答案。一方面，要搞清楚每年生产了多少消耗臭氧的物质以及有多少物质被排放到大气中相对来说是比较容易的。当前的证据表明《蒙特利尔议定书》开始作出的努力确实完成得很好。从1980—2000年间，氟氯烃化合物-11的产量减少了97%，同时氟氯烃化合物-12的产量也减少了93%。排放量的减少也遵循了类似的模式：1980—2000年间，氟氯烃化合物-11和氟氯烃化合物-12的排放量分别减少了84%和85%。

但是那就意味着臭氧层空洞就已经开始修复了吗？这个问题就更难回答了。根据哈利湾科考站测量提供的数据，从1957—1972年，南极上空臭氧的浓度确实降低了，但是从那时候开始，臭氧的浓度从本质上来说就一直保持着不变。问题是大气层中的变化通常发生得很缓慢。我们不能期望在地球上生产和排放消耗臭氧的化学物质发生大幅度变化的同时，也可以在大气层中发生相应的巨大变化。事实上，BAS的研究团队在2003年2月发表的报告中也提出了这样的问题："臭氧层空洞有没有恢复呢？"他们的回答如下：

> 地表监测站最近提供的测量数据显示，从大约1994年起，地表消耗臭氧的化学物质的含量已经发生了明显减少，现在与最高峰时相比已经降低了6%。而平流层相对于地表要滞后几年，因此，现在平流层中消耗臭氧的化学物质的量已经达到或接近了最高峰。所以今年臭氧层空洞的变小与消耗臭氧的化学物质的减少毫无关系，而要我们明确地说臭氧层空洞已经开始恢复还为时尚早，至少还需要再过十几年甚至更长时间。要想看见南极上空臭氧层空洞真正停止，得等到本世纪中叶甚至更久以后。

但是有一点已经很明确了，那就是如果没有当年在蒙特利尔、伦敦和哥本哈根达成的协议，今天臭氧层消耗的问题很有可能会更加糟糕。图3-3显示了如果没有任何协议，仅仅只有《蒙特利尔议定书》的影响以及包含了其他修正案的影响时，臭氧减少的趋势（根据测量到的平流层中氯的浓度推算）。

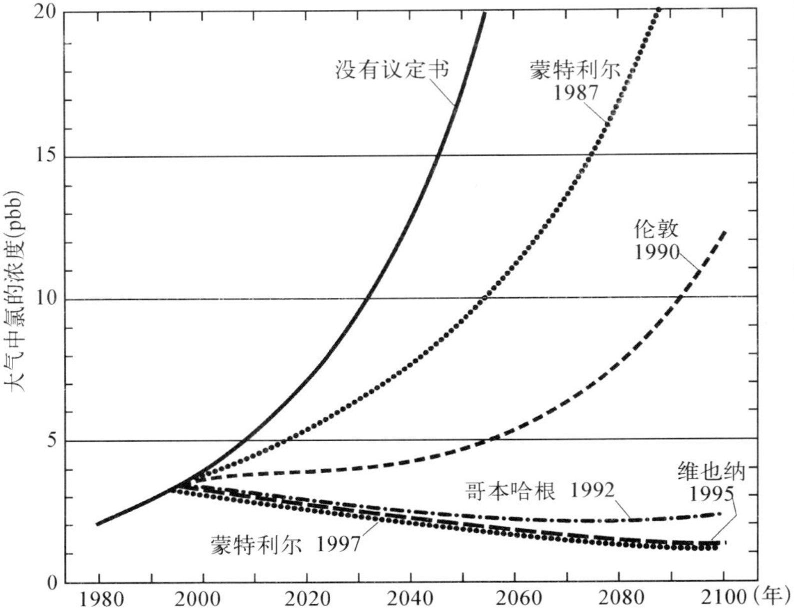

来源：臭氧研究中心秘书处，《对决策者重视臭氧层保护的10年评估，1988—1999》内罗毕：联合国环境规划署

图3-3 在6种情况下平流层臭氧浓度的变化趋势

在停止臭氧损耗的努力中提出的最严肃的一个挑战，就是要寻找一种在很多工业生产中可以替代氟氯烃化合物的化学物质。最有希望的一种物质似乎就是氢氯氟碳化合物（HCFCs）。氢氯氟碳化合物与氟氯烃化合物类似，都包含碳、氯和氟，但氢氯氟碳化合物中还含有氢。

虽然与氟氯烃化合物相比，在很多工业生产应用中氢氯氟碳化合物的安全性要降低一些，但是它们有一个最主要的优势：它们在平流层中往往更加稳定，更难分解，因此它们产生可以攻击臭氧的氯自由基的可能性也就更低。一种化合物消耗臭氧的相对效果用它的消耗臭氧潜能值（ozone-depleting potential）或ODP来表示，将氟氯烃化合物-11攻击并消耗大气中臭氧的能力也就是它的ODP值人为定为1.0，那么其他化合物的ODP值就是它与氟氯烃化合物-11的ODP值相比得到的一个比值。表3-3列出了一些消耗臭氧的化学物质的ODP值。正如表格中所指出的一样，从这个角度来考虑，氢氯氟碳化合物与氟氯烃化合物相比有明显的优势。

表3-3　常见氟氯烃化合物和氢氯氟碳化合物的消耗臭氧潜能值（ODP）

化　合　物	ODP	化　合　物	ODP
CFC-11	1.0	CFC-115	0.6
CFC-12	1.0	HCFC-22	0.055
CFC-113	0.8	HCFC-123	0.02
CFC-114	1.0	HCFC-124	0.022

全球气候变化

如果说减少臭氧消耗的努力获得了比较大的成功，而对抗酸雨的战斗至少取得了部分胜利的话，那么为解决大气环境的巨大变化进而解决全球变暖和气候改变所付出的努力则可以说还远远没有取得成功。

全球变暖这个词指的是在很长一段时间内，也就是说在好几十年间，地球大气的年平均温度保持着一种逐渐增加的趋势。同时，它也反映出地球气候正在经历的重要而持久的变化，而不是天气格局短期内简单的改变。大多数科学家认为这样的趋势是地球表面化学物质发生的变化造成的结果，而这样的变化则主要是由于煤、石油和天然气的燃烧造成的。当然，由人类活动引起的其他各种各样的化学变化也对这一趋势造成了一定的影响，但都不是主要的因素。

很多专家更愿意称这一趋势为气候变化，因为温度、降水的波动和其他气候的改变在世界各地不同区域发生的情况也并不相同。也就是说即使地球的年平均气温似乎是在增加，但是这些增加在某些地方可能更加显著，而在其他地方则不一定是这样。在地球上某些特殊的地区，它的平均气温实际上有可能是下降的。

地球年平均气温的波动在很长一段时间内是正常的，也是整个星球气候格局的自然反映。大量证据也表明，在地球过去的某些时间段中要比现在寒冷得多，而在另外的一些时间段中又要比现在温暖得多。

例如通过文献记载和考古证据确定，冰岛、格陵兰岛、斯堪的那维亚半岛和北美洲在公元元年—公元1000年之间的这段时间里显得特别的温暖。公元874年，来自挪威的海盗来到冰岛定居，一个世纪之后的986年，红男埃里克（Erik the Red）在格陵兰建立了第一个殖民地。在这段时期内，环境显然十分温暖，才可以维持一个足够养活3 000多人口的社会的繁荣和农业的发达。格陵兰岛在英语中的意思是“绿色的大陆”，很显然它在当时是名副其实的，实际上当最早的定居者第一次来到这片次大陆的某些地方时，他们就为这个地方准备好了这样美丽的名字。

后来航行去北美探险的海盗发现，拉布拉多半岛（Labrador）以及其他一些北方地区的农场和葡萄园十分寒冷，以我们今天这些行业的要求来看，这样的温度是不适合它们生长的。同样在这段时间里，因纽特人（Inuit）显然还可以在北冰洋的某些地方捕鱼，而现在这些地方都已经冻结成冰。类似的情况在欧洲北部同样存在，在英国全国各地葡萄的长势都很好，而在斯堪的那维亚半岛的大部分农场都建在高海拔的地区。

像海盗探险者们经历的那些温暖时期，在地球年平均气温变化相对温和时比较容易发生。例如科学家们相信，9世纪和10世纪的温暖环境是在地球年平均气温每年只增长大约3.5℉（2℃）时发生的。

到第二个千年的中段，地球上的气候开始改变，气温下降了3.5~7℉（2~4℃）。科学家们现在称欧洲约1400~1850年之间的这段时间为“小冰河期”（Little Ice Age）。在小冰河期内，由于天气实在太过寒冷无法支持农业生产，因此格陵兰、冰岛、北美和斯堪的那维亚半岛的居民都不得不背井离乡去寻找新的定居点。阿尔卑斯冰川开始从山上向下延伸，那些仅仅几个世纪以前还曾经是一片绿色、生机勃勃的村庄和山谷都被冰雪覆盖了。荷兰大部分的运河都结了冰，使得这个国家的运输系统陷入了混乱。北大西洋大部分的海面也都充满了冰，彻底摧毁了冰岛和斯堪的那维亚半岛大部分地区的捕鱼业。在中国江西省曾经繁茂了三个多世纪的橘子林也都被冻死了。

刚才介绍的升温和降温的循环变化只是众多类似的气候变化时期中离我们最近的一段。科学家们现在相信，地球已经经历了很多次这样的变化，从约46亿年前地球刚刚形成，这样的变化就随之开始了。他们建立了一个气候变化的年表，这张表被分成7个主要的温暖期和寒冷期的循环，这样的循环被称为冰川期。每个这样的循环都以其中相对比较短的5 000万年为特征进行划分，在这一小段时间中地球的年平均温度都会比正常温度低一些。

事实上对于这些冰川期中的前6个我们一无所知，因为它们发生的年代距今实在是太久远了。但是，最后这一个，大约从6500万年前开始的冰川期我们则相对比较清楚，并且知道它由6个明显的增温和降温的趋势构成，这段降温的时期称为大冰期。最后每个大冰期又可以进一步细分为更短的循环，称为小冰河期。从大约240万年前开始的最后的大冰期已经被深入研究过并且被发现包含了23个小冰河期。

地球气候的这些显著变化应该如何进行解释呢？这个问题的答案是由塞尔维亚的数学家米路丁·米兰科维奇（Milutin Milankovitch，1879—1958）提出的。在1912—1941年这30年的时间中，米兰科维奇对3个与地球气候变化有关的长期的天文资料变化的影响进行了深入的研究。这些变化中的第一个变化是地球绕太阳旋转轨道形状的变化。在10万多年的时间里，这个轨道从接近正圆变成了一个拉长的椭圆形。当地球在圆形轨道上运行时，在每年的不同时间里地球接收到的太阳能量基本是相同的。而在椭圆轨道上，地球在一年中的某些时候接收的阳光明显比其他时间接收到的要强烈。

第二个变化就是地球的黄赤交角的变化，也就是地球相对于其绕太阳轨道的倾斜角度的变化。在4.1万多年时间里，这个交角在最大24.5°到最小21.5°之间进行变化。阳光照射到地表的角度——进而造成地表吸收的热量——随着这一交角的变化也发生着变化。

最后一个变化是地球轴心所指的方向。今天地球的轴心指向的是北极星的方向。但是随着时间的缓慢流逝，轴心的指向会缓慢地发生变化，指向稍微不同的一个方向。在大约1.2万年后，轴心将指向织女星，到那时这颗星就会成为一个新的"北极星"。这样一个2.3万年的变化被称为轴向岁差或昼夜平分点岁差，基于这一变化，使得在2.3万年的这段时间内地表接收到的太阳辐射的量也会不同。

米兰科维奇成就的伟大之处就在于他能够用数学将这3个天文因素联系起来并解释地表接收的热量的变化，进而也就能解释造成全球变冷和变暖的年平均气温的长期变化了。

米兰科维奇得到的这3种天文变化的知识，对认识气候变化的总体趋势是很重要的。但是其他一些因素——大多数都有一个化学基础——也影响了气候的变化。其中一个因素就是地球捕获和储存阳光热量的过程。对这一问题进行最早研究的是法国数学家让-巴蒂斯·傅立叶（Jean-Baptiste Fourier，1768—1830）。早在1807年，傅立叶开始在文章中将大气层比作一个巨大的温室，阳光在里面被捕获并被转化成热量。傅立叶说，大气层起到的功能就像温室里的窗户。它可以透过阳光，允许阳光通过它向下照射到地面上。但是它会保护地面反射的热辐射，使得热量不会通过它向外流失到外层空间中。

虽然傅立叶的"温室"类比严格上来说不是很正确，但是它为大气层如何获取热量问题给出了一个简单的解释，这个解释到现在仍然得到广泛的支持。但是，由于傅立叶相信天文因素对气候变化所起到的决定性影响要重要得多，因此，他并没有着重强调“温室效应”在长期的气候变化中所起到的作用。例如他并没有努力解释热量是通过怎样的化学过程来保存在大气中的。

在19世纪60年代早期，英国的物理学家约翰·廷德耳（John Tyndall，1820—1893）才第一次为解答这个问题进行了仔细的研究。廷德耳研究了大气中发现的不同物质对红外线辐射（“热”）的吸收，这些物质包括氮气、氧气、二氧化碳和水。他发现水对红外线辐射吸收的能力最强，二氧化碳其次。廷德耳说，水“对地表辐射的作用比对阳光直射的作用更有效，因此它起到一种对地表一部分热量的储藏作用，防止它们被发散到宇宙中”。他认为二氧化碳也起到了同样的作用，但是程度相对要小些。廷德耳从他的研究中得出结论，认为水、二氧化碳和其他的大气中存在的气体可能是造成“地质学家们的研究显示出来的所有气候的变化”的主要原因。

二氧化碳在全球气候格局中所扮演的角色也是瑞典化学家斯万特·阿累尼乌斯（Svante Arrhenius，1859—1927）很感兴趣的一个问题。在20世纪初期，阿累尼乌斯开始对冰河时期及其他的形成原因产生了浓厚的兴趣。他最后得出结论，自然过程中排放的二氧化碳量的变化可能是造成地球年平均气温显著升高和降低的一个原因。他推算温度下降大约7℉（4℃）就足以形成一个冰河期，相反的，上升同样的温度就可以使一个冰河期结束。

阿累尼乌斯认识到主要由燃烧煤炭等人为原因排放的二氧化碳对这些变化有重要的影响。但是他认为，那个时期人为排放的二氧化碳的量还是相当少的，对气候的变化基本不会产生任何影响。实际上，他还预言，3 000年以后人为排放的二氧化碳量才有可能对气候变化造成主要影响。当然，他的预言是以1900年煤炭的燃烧率为基础进行估算的，但是从此以后煤炭的燃烧率就开始大幅度提高了。

阿累尼乌斯对“温室效应”的分析并没有引起当时其他的科学家以及普通民众的广泛关注。事实上，当时世界刚从一个小冰河期恢复过来，很多人都认为更加温暖的气候并不是一件坏事情。阿累尼乌斯的一个同事，德国伟大的物理化学家赫尔曼·瓦尔特·能斯特（Hermann Walther Nernst，1864—1941）甚至还建议，在不使用的煤层上放火燃烧以释放更多的二氧化碳来起到提高地球年平均温度的作用。

英国蒸汽工程师盖伊·斯图尔特·卡伦德（Guy Stewart Callendar，1897—1964）也持有类似的观点。20世纪30年代，他第一次展示人类的活动确实能够使大气中二氧化碳的浓度发生显著的改变，并因此使地球的气候发生相应的改变。和阿累尼乌斯、能斯特以及其他一些早期的科学家们一样，卡伦德认为这些变化是十分令人向往的，因为它们很有可能对北温带的农业有利，并且可以作为抵抗又一个冰河期攻击的保护措施。

不管卡伦德、阿累尼乌斯、能斯特和他们的同事们了解了多少关于气候变化的信息，他们普遍都没有意识到这对人民大众是一个“警告”，没有意识到全球的变暖会造成怎样的威胁。与此相反，1940—1965年间，地球的年平均气温发生了微小的降低，大约降低了0.5℉（0.3℃）；在某些地方降温更加显著——多达7℉（4℃），这使得一些评论者发出新的一轮冰河期到来的警报。

到20世纪50年代，关于气候变化的讨论遇到了一次重要的转折，这一转折在一定程度上是由于从国际地球物理年对地球气候的研究中得到的一些新的数据。但是促成这一改变的最重要的一个因素则来自查尔斯·戴维·基林（Charles David Keeling，1928—2005）的研究，他当时还是加利福尼亚州拉霍亚（La Jolla）的斯克里普斯海洋学研究中心（Scripps Institution of Oceanography）的一名博士后。1957年，基林开始测量夏威夷冒纳罗亚火山（Mauna Loa）上空和南极上空大气层中二氧化碳的浓度。要从这些数据中发现一个清晰的变化趋势需要付出十多年的努力。但是当1970年世界地球日到来的时候，科学家们开始意识到地球大气的构成正在发生着变化。

基林将这些变化总结在一张图表中，今天这张图表也成为现代科学史中最重要的图表之一，被称为"基林曲线"（见图3-4）。这一

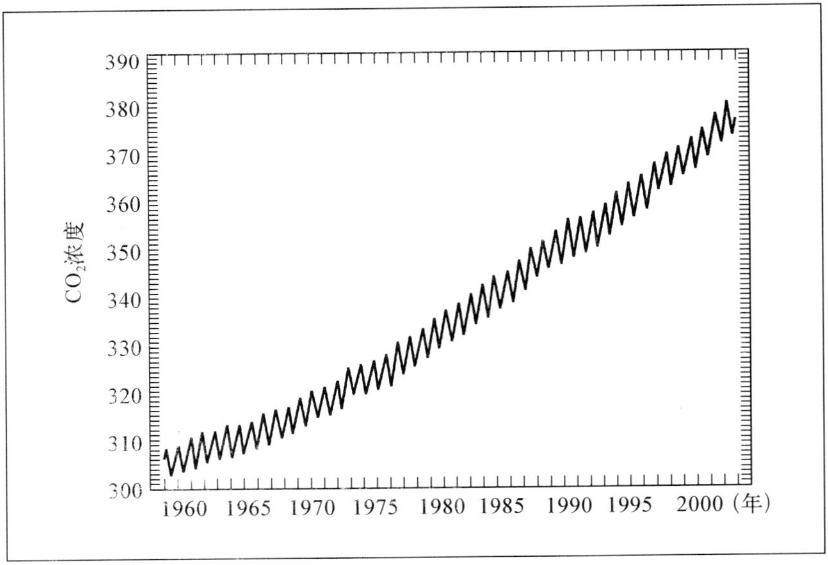

图3-4　基林曲线

曲线显示了基林在两个观测站中得到的二氧化碳浓度的缓慢且有规律的增长，这一曲线也可以进一步推广来推测整个地球大气的变化。图表中每年的垂直波动反映了一年内二氧化碳浓度发生的固有的波动，在某个季节里增长而在另一个季节里减少。

20世纪70年代末，大部分科学团体、很多政府和政治领导者以及相当数量的普通民众都认为气候的变化已经成为一个最主要的环境问题。1977年美国能源研究发展总署（U.S. Energy Research Development Administration，后来的能源部Energy Department）的主管戴维·史莱德（David Slade）召集科学家们召开会议，共同讨论一项研究计划，专门来研究二氧化碳在气候变化中所扮演的角色。一年之后，吉米·卡特（Jimmy Carter）总统的科学顾问弗兰克·普雷斯（Frank Press）要求美国国家科学院（U.S. National Academy of Sciences）建立一项研究，专门针对温室效应以及人为排放的二氧化碳在其中所起到的作用。这一研究小组后来报告说，以目前的趋势来看，人为排放的二氧化碳可能会造成全球平均温度每年增长6°F ±3°F（3℃ ±1.5℃）。同样在1979年，联合国世界气象组织（United Nation's World Meteorological Organization）在瑞士日内瓦发起首届世界气候大会（First World Climate Conference），这是一个致力于全球气候变化、干旱以及相关环境问题研究的会议。

在20世纪70年代中叶，印度裔美国气象学家维拉哈德兰·拉马纳坦（Veerabhadran Ramanathan）提出了另一个十分重要的发现。他发现氟氯烃化合物和其他的消耗臭氧气体也有很强的吸收红外线辐射的能力。实际上，某些氟氯烃化合物吸收热量的能力是二氧化碳的1万倍。人们突然明白了，关注气候变化的问题不能单单把焦点放在二氧化碳身上，而应该将目光拓展到所有具有吸收地表热辐射能力的化合物上。今天所有具有这一能力的气体被统称为“温室气体”。任何关于全球变暖本质的讨论以及解决这一问题的努力，都不仅仅是要控制排放到大气中的二氧化碳的数量，而是要控制所有排放到空气中的温室气体的数量。

对全球气候变化的研究给所有研究环境问题的科学家们提出了最严峻的考验。它包含了很多互相影响的复杂的人为和自然因素，而它们之间的影响方式，科学家们通常还不很清楚，需要研究者们解决很多的问题。例如，基林和其他研究者们观察到的大气中二氧化碳的高浓度从长远来看会造成怎样的后果？这些气体会不会在空气中存在成百上千年？它们会不会被海洋吸收或被植物的光合作用消耗掉？

虽然对未来气候变化的可能性还存在这么多的疑问，但是现在很多专家都已经普遍相信对未来气候变化的趋势进行预测还是可能的。这样的预测是以一定的关于气候的假说为基础的，其中的一些假说已经被证实本质上是正确的，另一些有待证实，而还有一些至今还无法得到确认。

维拉哈德兰·拉马纳坦（1944—　）

早在一个多世纪以前，科学家们就知道了大气中二氧化碳的存在是地球可以保存热量的主要原因，这样地球才能为生活在这个星球上的动物和植物提供一个美好的生活环境。他们也知道，某些时候燃烧化石燃料这样的人为活动向大气中排放的二氧化碳，很有可能提高了大气层储存热量的能力，并且很有可能造成了地球年平均气温的增高。但是几乎没有科学家考虑到，除了二氧化碳以外，其他一些气体对储存热量也很有效，甚至是更加有效，直到1985年，维拉哈德兰·拉马纳坦和他的同事拉尔夫·西塞罗（Ralph Cicerone）证明了这一结论。

1944年11月24日，维拉哈德兰·拉马纳坦出生在印度的马德拉斯（现在的金奈）。1965年，他在安纳马莱大学（Annamalai University）取得了工程学士学位，1970年又在班加罗尔的印度科学研究所取得了理学硕士学位，1974年在纽约州立大学石溪分校（State University of New York at Stony Brook）取得了大气科学（行星大气）的博士学位。在美国国家宇航局（NASA）的兰勒研究中心（Langley Research Center）当了一年研究员以后，他开始在位于科罗拉多州博尔德市（Boulder）的美国国家大气研究中心（National Center for Atmospheric Research，NCAR）长期工作。

在那里，拉马纳坦和西塞罗发现了氟氯烃化合物也具有储存大气热量的潜在能力。他们认为某些氟氯烃化合物在吸收地球反射的红外线辐射的能力上要比二氧化碳强1万倍。这一发现使得氟氯烃化合物——这些已经因为它们对于臭氧层的影响而臭名昭著的化合物——再次表现出它们对地球造成的另外一种威胁。

从1990年开始，拉马纳坦成为位于圣迭戈的斯克里普斯海洋学研究所（scripps institution of oceanography）应用海洋科学的维克托·C.奥尔德森（Victor C. Alderson）教授以及气候与大气科学的教授。1991年，他被任命为斯克里普斯的云层、化学与气候中心的主任，1996年，他又成为研究所的大气科学中心主任。

拉马纳坦主要的研究方向就是气候动力学、全球变暖、温室效应、全球气候模型以及云层烟雾对气候的影响领域。2003年，拉马纳坦介绍了他在对印度洋上空云层模型的最新研究中所得到的一些有趣的结果。他宣布在印度洋上空形成了一个厚度超过1.6英里（3千米）的巨大的乌云，这个乌云是由汽车尾气和木材燃烧排放的微小颗粒构成的。拉马纳坦则指出，这片乌云与典型的云不一样，当典型的云中的小液滴变得足够大时会结合、凝结并以降水的形式落到地面上，而印度洋上空的这些云基本没有以降水形式落下的趋势。相反的，它们很有可能在高空的大气中漂浮很长一段时间，对印度洋周围地区的气候造成显著的影响。

拉马纳坦获得了很多荣誉，包括1997年的沃尔沃环境奖以及2002年美国气象学会的罗斯贝勋章（Rossby Medal）。2002年他被选为美国国家科学院的院士。

大气层中的二氧化碳的含量正在发生着变化，这一点是毫无疑问的。研究显示，二氧化碳的含量从工业革命期间的280 ppmv上升到了2006年初的380 ppmv。大多数科学家认为这样的增长是由于人类使用石油燃料的量的增加而造成的，但是也有少数的科学家们对这个结论表示怀疑，并且提出地球上各类生物活动的自然变化才是造成这一增长的原因。

实际上所有的科学家都同意在过去的30年中地球的气候正经历一个明显的变暖期。测量数据显示，20世纪最温暖的10年的记录都集中在80—90年代之间。其中最温暖的1998年也许是小冰河期结束以来最温暖的一年了，这一变暖的趋势一直延续到了21世纪的前10年。20世纪全球平均气温上升了大约1℉（0.6℃）。气象学或气候学研究领域中的专家们都承认这些数据的真实性。

对这些增温可能造成的影响现在学术界还没有十分确定的把握。大多数科学家都认为海洋的体积很有可能会增加，理由有二。第一，在南极地区发现的很多海洋上的大块浮冰很可能会融化。第二，温度的升高会造成海洋中水体积的膨胀。综上所述，海平面极有可能会升高，世界各地海拔比较低的沿海地区将会被海水淹没。

专家们也比较同意温度的升高会加速海洋中水的蒸发速度，造成云量增加的看法。某些云（“白”云）可能将更多的阳光反射回宇宙空间中进而阻止了全球的进一步升温，但是其他一些云（“乌”云）可以吸收阳光，进而增加大气层中储存的阳光的量。这两种情况都有可能发生，也没有人敢确定哪种情况会占上风。

关于温度升高的影响、海洋体积的增加和空中覆盖的云的体积的增长也存在一些不同意见。大多数专家都认为暴风雨的频率和强度都会增加，一些地区的降水量会更多而一些地区的降水量则会更少，另外一些地区会变得更温暖而另一些地区会更寒冷。但是除了这些普遍的观点以外，相对于全球气候的变化，一些关于天气特别变化的相对不同的观点也被提了出来。

其中最特别的一个观点认为气候变化的方式可能影响地球上生物的生活。一些专家相信，农作物生长的地理范围将会进一步扩展。他们指出，一两个世纪以前全球农作物分布的格局与今天有很大的不同。他们还相信，公共卫生系统将面临与当今遇到的完全不同的挑战。天气情况有可能扩大了一些致病生物（例如蚊子）的活动范围，进而也就扩展了那些热带和亚热带疾病的传播。

在对气候变化进行了20年的研究之后，关于全球气候是否变暖，全球变暖可能会造成什么样的结果，它会对环境和人类生活造成怎样的影响，如果有影响我们该采取什么样的措施来保护人类社会的可持续发展等问题，至今还存在许多不同的见解。和那些各行各业中的极端分子一样，在这场辩论中最极端的发言人也不在少数，很容易就能找到。例如澳大利亚的约翰·麦克莱恩（John McLean）就宣称，他一直是“全球变暖的业余爱好者”，他已经写了一篇题为“全球变暖的科学争论”的论文，在文中他声称：

> （1）地球上任何一次变暖的趋势都很小并且极有可能是气候的正常变化，（2）严重的气象灾害发生的频率并没有显著的增加，（3）认为海平面升高的观点是危言耸听并没有实际数据的支持，（4）与现在的情况相反，研究显示，温度和二氧化碳浓度在过去要比现在高得多，（5）当前二氧化碳的浓度还不需要

让人担忧……（7）二氧化碳含量的升高并不是造成全球变暖的原因。

而在另一个方面，比尔·克林顿（Bill Clinton）总统在2000年11月关于气候变化问题提出了一个新的报告，在报告中他警告说，“全球变暖对我们的环境和经济造成了严重的威胁”。

对气候和气象问题比较精通的科学家们达成了共识，他们认为全球变暖应该引起社会充分的关注并采取相应的措施。他们认为，与延缓更进一步的严重的气候威胁相比，现在采取行动减少二氧化碳和其他温室气体的排放，进而减少全球变暖的威胁则更要小心谨慎。

现在世界上大多数的政治领袖也都持有这样的观点。1997年，来自159个国家的代表齐聚日本京都开会，洽谈一个条约，要求各国采取措施减少排放到空气中的二氧化碳和其他温室气体的数量。作为1992年在巴西里约热内卢举行的联合国环境发展会议（United Nations Conference on Environment and Development）的一部分，一个以自愿限额为基础的类似条约被签署通过。但是经过5年的实践证明，自愿控制基本上没有效果，全球几乎所有国家的二氧化碳和其他温室气体的排放量继续保持着增长。京都会议的目标就是要说服各国同意强制控制二氧化碳和其他温室气体的排放。

在谈判的最后阶段，一份草案被大会所接受，所有的与会成员都签署了这份协议。在最终的文件中，要求日本的二氧化碳和其他温室气体的排放量比1990年的水平减少6%，而欧盟的成员国则要减少8%（美国被指定减少7%）。只有当55个国家都认为全球至少

55%的二氧化碳排放量应达到协议标准时，这份议定书才会起到真正的效果。

2006年7月，164个国家和地区认为，全球61.6%的二氧化碳排放量已经符合或满足了议定书要求。大约30个国家（大多数都是小国家）一直没有加入这项协议。这些国家和地区包括阿富汗、安道尔、安哥拉、文莱、中非共和国、乍得、科摩罗、加蓬、伊拉克、圣基茨和尼维斯、圣马力诺、圣多美和普林西比、塞尔维亚、塞拉利昂、塔吉克斯坦、东帝汶、汤加、土耳其、津巴布韦、梵蒂冈。只有两个国家签署了议定书但没有履行协议的要求，那就是澳大利亚和美国。

对于议定书的要求在美国引起了激烈的争论，因为很多评论者认为，减少二氧化碳的排放量会对美国的经济发展造成巨大的困难。以工业为基础的全球气候联盟（Global Climate Coalition）主席盖尔·麦克唐纳（Gail McDonald）就是议定书的一个反对者，他宣称，京都会议以后二氧化碳排放量的减少会造成“美国经济26%的预期增长的取消”。仔细考虑了这一观点以后，美国总统乔治·布什（George Bush）2001年3月宣布，将不会再把议定书交到参议院去审批，因此议定书所要达到的所有目标和计划就这样“夭折”了。

一年以后，布什总统发表了个人对气候变化问题的看法。2002年2月，他简略描述了一个自愿减排体系的轮廓，这一体系鼓励工业生产者减少二氧化碳和其他温室气体的排放，到2010年底争取减少18%的排放量。除此之外，在未来5年内政府还将拨款46亿美元，用来解决国家气候变化的问题，其中65%的款项将用来支持发展新技术的研究。

但是在一个由美国国家科学院召开的有17个环境专家参与的

座谈会上，对总统的计划提出了一份反对报告。他们认为，这项计划缺乏“一个战略计划应有的最基础的要素：一个导向性的眼光、可执行的目标、清晰的时间表和衡量计划进行程度的标准”。他们还担心这项计划失去了和世界其他国家合作研究气候变化问题的机会。

到2004年底，关于气候变化的争论还是没有取得明显的进展。一方面，气候研究者们继续报告着与全球变暖有关的环境问题的出现。例如，以挪威人为基础的南森环境与遥感中心（Norwegian-based Nansen Environmental and Remote Sensing Center）预言北冰洋的冰川到21世纪末将消失。物候学家（研究气候对生物繁殖模式影响的科学家）宣布他们相信生物的繁殖周期开始得比以前更早了，并且由于全球年平均气温的升高而使得这样的趋势在更加广阔的地理范围中蔓延。最后物候学家们还报告，2002年是有历史记录以来第二温暖的一年。

另一方面，很多政府官员和工业领袖继续争论着，他们认为目前对于气候变化还有很多无法解答的问题，需要社会和政府的共同努力。例如2002年12月，白宫科学技术顾问约翰·玛伯格（John Marburger）告诉媒体，布什政府还没有准备好考虑解决温室气体排放的立法。他说，“目前我们在争论的问题，是我们需要更多的信息来制定一套更有效的管理政策，那样才能对减排起到有效的作用，同时又不会使我们的经济发展陷入困境”。

四

水污染化学

水污染有许多不同的形式，由很多不同的原因引起，对生物、物理环境也有着不同的影响。让我们来看看这些常见的例子：

- 从陡峭的山崖上飞泻而下的激流冲击着下面的岩床，带走沙子、淤泥和小石子。当这条河流到达平地的时候，这些物质就被沉积在河底。
- 为了增加农作物的产量，农民在田地上使用了除草剂、杀虫剂和化肥。一场大雨过后，这些化学物质中的一部分就被水流带到了最近的湖里，它们会悬浮在那里几周，甚至几个星期。
- 如果一条用于将海上钻井设备开采出来的原油运输到陆上储油罐的管道有了一个小裂缝，原油就会从这个裂缝渗出而流入大海，这就导致海生植物和动物暴露在它的毒性作用之下。

各种不同水体的污染问题不尽相同。比如在美国，河流最严重的污染形式是淤泥沉积作用，而事实上，这种作用却不会给海洋水体带来明显的有害的影响。另一方面，有毒金属的聚集相对河流来说是一个很小的问题，而在河口、江口的水体污染中就显得更加明显。

常见的污染物质和来源

按照传统惯例，最严重的污染物质被分成8种主要类型：(1)耗氧物质，(2)养分，(3)沉淀作用和淤泥，(4)致病源，(5)有毒的有机化学物质，(6)重金属，(7)酸性物质，(8)热量。下面的表格显示了美国不同类型水体的主要污染物质和主要污染来源。尽管其中的两类——致病源和热量——并不是化学形式的水污染，但所有关于水体污染的话题讨论都不得不提到它们所扮演的重要角色。另外，化学原理有可能被应用到水污染源头的消除工作中。

然而上述传统水污染物质的分类中并没有反映出今天水污染物质中很重要的一个方面：它并没有说清楚美国和世界其他地区水污染问题改变的限度。来看看下面这个例子。

在1999—2000年期间，美国地质勘探局发表了一份对30个地区139条河流的调查报告。提出这个报告的目的是为了确定某一种化学制品不被认为是水污染物质的浓度上限。这些化学制品包括人和牲畜用药(包括抗生素)、天然或人工合成的激素、清洁剂及其降解产物、增塑剂、杀虫剂、阻燃剂，一共有95种属于此类的化学制品成为此次调查的对象。

美国地质勘探局的研究人员发现，有超过80%的被调查的河流中存在着至少一种上述的化学制品。一半的河流存在7种或更多的化学制品，有1/3的河流存在10种甚至更多（参见表4-1）。最常遇到的物质是甾醇（一种类固醇）、胆固醇、N，N-二乙基-甲苯酰胺（一种驱虫剂）、咖啡因、三氯生（一种消毒剂）、（2-氯）磷酸盐（一种阻燃剂）以及4-壬基酚（一种清洁剂的降解产物）。这些化学制品浓度并不高。对于那些并不常见的化学制品，浓度有时低于1 ppm（每10亿分之一体积）；对于其他的化学制品，浓度稍微高一点。

表4-1　美国水体中的主要污染物及其来源

水　体	主要污染物（根据重要性排名）	主要污染源（根据重要性排名）
河流和溪水	病菌	农业
	沉积物	水利改造*
	生物环境改变	生物环境改变
	耗氧物质	城市径流/风暴污水
湖　泊	养分	农业
	金属	水利改造*
	沉积物	城市径流/风暴污水
	耗氧物质	未指出来源**
河口、江口	金属	市政污水
	杀虫剂	城市径流/风暴污水
	耗氧物质	工业泄漏
	病菌	大气沉降

续 表

水　　体	主要污染物 （根据重要性排名）	主要污染源 （根据重要性排名）
湿　　地	退化原因	退化来源
	沉积物	农业
	流向变化	建设
	养分	水利改造*
	淤塞和干涸	城市径流/风暴污水
地 下 水	主要污染源	
	地下储水池	腐败系统
	填埋垃圾	泄漏

* 为了取得一些如减少河水泛滥这样的理想结果而使得河流、溪水、海岸和其他水资源的性质发生改变（如改变河流流动的路线）。

** 一些无法归因于某些特殊来源的污染形式，例如不能说是由于个体工厂、工厂团体或是一根断了的管道而引起的。来源：《2000年国家水质目录》。华盛顿特区：环保总署水资源办公室，2002年。可以上网查询，网址：http：//www.epa.gov/305b/2000report。

美国地质勘探局研究人员提出一个问题：事实上大多数的化学制品对人体或其他动物的健康的潜在影响还不为人所知。只有14种化学制品的最基本安全标准已经被确定，有33种在人体内起着激素的作用，46种有药物活性（在某种方面起到类似药物的作用）。

另外，很难说在报告中的化学制品浓度是否包括对人类和其他动物所有层面的威胁。在小约翰·凯恩斯（John Cairns，Jr.）的一项研究工作中，科学家为我们更加熟悉的一些水污染提出了更好的解释，以及控制水污染和改善水资源的方法。然而，他们也面临着已经逐渐出现的、新的意想不到的问题。

小约翰·凯恩斯（1923— ）

1969年，法国毒物学家雷特吕奥（Rene Truhaut，1909—1994）为一个新生的、正在发展的环境研究领域起了一个名字。他把关于化学制品对自然生物和人类的副作用的研究定义为生态毒理学。在很长一段时间内，这一领域的领军人物一直是小约翰·凯恩斯，他是一个研究员、老师和多产的作家。

1923年5月8日，小约翰·凯恩斯（John Cairns，Jr.）出生在美国宾夕法尼亚州一个叫康舍霍肯的钢铁城市。他的父母鼓励他考大学，这在康舍霍肯的高中毕业生中并不常见。1940年，凯恩斯被宾夕法尼亚州立大学录取，但两年后，当美国加入第二次世界大战时，他不得不离开那里，在美国海军服役4年，于1946年完成了他的兵役。之后他进入斯沃斯莫尔学院学习（因为宾夕法尼亚州立大学不能为已婚的退伍军人提供住房），1947年，他被授予生物学学士学位。然后在宾夕法尼亚大学开始研究生的学习，并于1949年和1953年分别被授予生物学硕士学位和博士学位。

1948年，凯恩斯开始在费城的自然科学院工作。他的第一份工作是作为罗思·帕特里克（Ruth Patrick）的助手，帕特里克是学院中资格较老的主任。因为大学中并没有讲授关于环境污染的正式课程，凯恩斯只能在他的研究工作中得到锻炼。他的硕士论文就是依据在学院中和帕特里克进行的一项关于康内斯特加河的污染对生活于其中的微生物群落的影响而写成的。

1961年，罗思·帕特里克从湖沼生物学主任一职上退休，凯恩斯被选作她的接班人。在这个职位上工作了5年之后，他接受了堪萨斯州立大学聘请他做生物学教授的邀请。1968年，他离开堪萨斯州，接受弗吉尼亚理工大学生物学教授一职。两年之后，他成为弗吉尼亚理工大学环境研究中心和有害物质研究中心的主任。1972年，他被授予大学杰出教授称号，这个称号一直保留到24年正式退休之后。

事实上，凯恩斯一生都致力于研究和书写生态系统是如何对压力作出回应的，尤其是那些由于人类活动引起的压力。他的工作集中于研究工业垃圾、杀虫剂和其他污染物是如何破坏河流、湖泊和其他水生态系统的，以及这些系统是如何恢复到天然、无污染和健康的状态的。

他一共写了63部书籍和专论、28份报告、615篇发表在杂志上的文章、309份摘要，以及137篇社论、书评、国会证词。凯恩斯取得了很多的荣誉，包括进入国家科学院、美国哲学学会、美国艺术科学院和伦敦林奈学会。他获得过美国监测站环保计划勋章、美国化学学会马礼逊奖章、英联邦弗吉尼亚科学领域终身成就奖和美国环境保护机构杰出成就奖。

耗氧物质

几乎所有的生物体，包括那些住在水中的生物，都需要氧气才能存活下来。生物需要用来生存的溶解氧浓度相对来说是比较低的。对于大多数的鱼类，氧气的浓度必须保持在3~4 mg/L（每升水中所含氧气的毫克数）的范围内，而这一浓度对于仔鱼和幼鱼又太低了，它们需要最少5~8 mg/L的氧气才能够存活。

水中溶解氧的浓度随着环境情况的改变而改变。例如，随着水温的升高，水中氧含量会降低。水生生物往往可以对水中氧气浓度的正常波动起到调节作用。然而，人类的活动却可以显著地改变水中溶解氧的含量，给水生生物的生存带来威胁。

举个例子说，任何可被生物分解的物质排入河流或湖泊中，都会通过与水中溶解氧的相互作用而被分解，包括死亡的植物、动物的排泄物、食品加工厂和其他一些工业企业的废弃垃圾。这些物质被排入水中的量越大，分解它们所需要消耗的氧气就越多，水生生物所能够利用的氧气就越少。

可被生物降解的材料腐败降解的原因是由于需氧细菌以这些材料为食。随着水中所提供的溶解氧的减少，需氧细菌（需要氧气才能够生存的细菌）开始死亡，厌氧细菌（不需要氧气就可以生存的细菌）开始接管分解这些材料的工作。然而，由这两类细菌分解得到的产物有着很大的不同。当需氧细菌分解有机材料的时候，会产生二氧化碳、硝酸盐、硫酸盐，还有其他无色无味、对水质相对危害较小的物质。与此相对，厌氧细菌的分解产物包括甲烷、氨、硫化氢和很多种胺类，所有的这些物质都有刺鼻的气味并对人类和其他动物有毒性。

较低的氧气浓度本身可以降低水的质量。不同水生生物在低氧条件下的存活能力有显著的不同。许多很受欢迎的食用鱼，比如河鲈、美国密西西比河流域产的浅蓝色食用大太阳鱼、鲑鱼，要有相对较高的溶解氧浓度才能够存活。另一方面，鲤鱼、鲶鱼、鲟鱼、白斑狗鱼、一些种类的鲈鱼和生活在泥沙中的蠕虫可以忍受较低的氧气浓度。在氧气被耗尽的水中，绝大多数的鱼类会死亡，只有那些忍耐力最高的蠕虫可以生存下来。

水资源被耗氧物质污染的程度可以用水中现存氧气的多少来衡量。测量细菌在分解有机废物时的耗氧量时，最常用的试验是生物需氧量试验，简称为BOD试验。在一个BOD的试验中，抽样试验的水被氧气所饱和，在约70℉（20℃）的条件下培养5天。在这段时间内，几乎所有的养分都被氧化分解了。再测量水中剩余溶解氧的含量，以mg/L为单位表示。这种标准的5天BOD试验的结果被称作BOD_5值。因为各种各样的条件，此值在不同类型的水体中存在显著的变化。比如说，在对德国一家造纸厂所排放的污水的调查中，BOD值在115~1 400的范围中变化。表4-2列出了一些典型水体的BOD_5值。

表4-2　不同水体的BOD值

水体类型	BOD值（mg/L）*	水体类型	BOD值（mg/L）*
纯水	0	纺织	200
新鲜的天然水	2~5	化工、制药	300
经过一或两次净化的排放水	10~20	造纸厂	750
金属加工	50	食品加工	750
生活污水	200		

* 每升水所含氧的毫克数

另一种经常用来测定耗氧物质的试验是生物需氧量试验，简称COD。在这种方法中，我们在水体中加入重铬酸钾和硫磺酸，重铬酸钾扮演着和需氧细菌同样的角色，也就是说，它起着氧化分解水中有机材料的作用。被抽样试验的水加热到300℉（150℃）两个小时，然后进行冷却。这个过程结束时，用以分解有机材料的重铬酸钾中的部分钾会由橘红色的正六价转变成为绿色的正三价。我们用标准比色法来测量经历了这种改变的铬的数量，由此来显示在反应中被氧化分解的有机材料的数量。这种方法需要用分光光度计对最初和最后的溶液颜色进行测量，从而对水中存在的有机材料的数量进行准确的计算。

在水中耗氧物质的测量方面，COD方法要优于BOD方法，因为它所需时间更短，只需要几个小时，而不是几天。COD的一个缺点是它会同时测量一些并不能被需氧细菌分解的有机物质。由于这个原因，同一水体的BOD和COD值可能有微小的不同。

测量水中耗氧物质含量的第三种方法是有机碳总量试验，简称TOC试验。在这种方法中，我们采集水样，收集其中的所有可溶解固体。再把这些固体加热到很高的温度，比如1 800℉（1 000℃），直到所有的固体都转化为气体形式。测量此过程产生的二氧化碳的数量，用以估计该水体中耗氧物质的含量。利用自动化的操作系统，只需要15秒的时间就可以得到结果，这使得它成为迄今为止测量耗氧物质含量最快的方法。另一方面，TOC的可测量范围比BOD和COD的都要大。但是，它仍然可以提供一个很好的结果，用以显示水体被耗氧物质污染的程度。

养分

湖泊、池塘和其他形式的水体会随着时间推移而变化。在它们最初形成的时候，通常是富含氧而氮和磷相对较少。随着时间的推移，来自死亡植物和动物的有机物会流入湖泊和池塘中，在那里，它们会被细菌分解，氮和磷的浓度开始增大，这对低等植物的生长是有益的。最终，湖水中出现了更高等的植物，沉积物开始在湖底堆积。湖泊和池塘从一个相对纯净的水体转化成为沼泽或湿地，最终成为一片草地。这个过程称作超营养作用。

由湖泊或池塘向旱地的进化依赖于水中养分的存在。养分一词是指植物生长所必需的元素或化合物。养分通常被分为两类：主要养分和次要养分（也称微量养分）。尽管各种各样的元素和化合物的分类方法不尽相同，碳、氮和磷总是被认为是主要养分。有些文献也把钾、硫、钙、镁和铁作为主要养分。微量养分包括铝、硼、铜、锰、钼、硅和锌。

碳和氮一般在水生生态系统中含量较为丰富。碳元素在水中和空气中的主要形式是二氧化碳，可以由水中的浮游生物将其转化为有机碳。氮元素可由固氮藻类得到，它们可以将游离形态的氮以硝酸盐的形式固定于湖泊或池塘中。在所有的主要养分中，只有磷的供应是有限的，因此湖泊或池塘中磷的含量决定了超营养作用的程度。因为扮演了这样一个特殊的角色，磷常被称为超营养作用的限制因素（图4-1）。

在正常环境条件下，湖泊或池塘的超营养作用是一个非常缓慢的进程，需要成百上千年的时间。这个速率会由于人类的活动而发

水体中含氮化合物的积累对植物和藻类的生长很有帮助，造成了湖水超营养作用的加速，如图中所示的纽约卡茨基尔山区（Catskill Mountains）的苏必利尔湖（Lake Superior）就是一个很好的例子。（迈克尔·P. 加多姆斯基/图片研究者有限公司）

图 4-1　苏必利尔湖

生改变。比如说，从农田流出的水、城市污水和工业垃圾中都可能含有磷的化合物（图4-2）。当这些物质被排入湖泊或池塘中时，就会显著地提高水中磷的含量，进而提高超营养作用的发生速率。人为排放量占水中磷总量的90%以上的情况现在并不罕见。在这种环境条件下，超营养作用发生的时间可能远比正常时间快得多。

湖泊和池塘超营养作用的首要元凶之一是来自人工合成清洁剂中的磷，就是我们所说的合成洗涤剂。自从20世纪30年代以来，合成洗涤剂就比天然肥皂更受欢迎，可以满足更多的清洁目的。它集众多功能于一身，有增洁剂、增白剂、防沫剂、人工香料、防沉淀剂、漂白剂和酶的效果。

污水处理中最常见的一个步骤就是充气法，这种方法是将空气用泵打入污水中，消灭存在于污水中的细菌并将它们转变为二氧化碳、水和其他无害的产物。（罗森费尔德影像有限公司/图片研究者有限公司）

图 4-2　污水处理

上面这个配方中存在问题的是增洁剂，它可以吸附如钙和铁等矿物离子，这从另一个方面减弱了清洁剂的去污功能。已经发现的增洁剂中最有效的是三聚磷酸钠，简称TPP，被广泛使用很多年。这种分子的结构使得它可以包裹住构成水的硬度的离子（比如Ca^{2+}和Mg^{2+}），而水的硬度会减弱清洁剂的作用效果。

TPP的问题是，在流入河流和湖泊的废水中，它是磷的单一的、最主要的来源。因此，它可能是湖泊和池塘的超营养作用速度加快的主要原因。

因为TPP对超营养作用的促进作用，许多国家、城市和自治区政府已经禁止使用合成洗涤剂。但这个禁令为洗涤剂制造业带来了严重的问题，因为我们还没有找到TPP合适的替代品。

两个有发展前途的替代品是氨三乙酸钠（或称作NTA）和乙二胺四乙酸（或称作EDTA）。这两种制剂与TPP的工作原理大体相同，也就是说，通过包裹金属离子起到增洁的作用。其他被加入到合成洗涤剂配方中的增洁剂包括碳酸钠、人工合成的硅酸盐、硼酸盐和一种被称作多聚羧酸盐的有机高分子等。

清洁剂的制造厂商们勉强同意在他们合成洗涤剂的配方中停止使用TPP。首先，他们并不相信TPP对环境有着像科学家所说的那么严重的威胁；此外，他们还指出目前很多可供选择的备选方案都存在它们自身的问题。比如有一些证据显示NTA对实验鼠可能有致癌作用。由于这个原因，美国环保总署在1970年宣布禁止在清洁剂中使用NTA。10年之后，1980年美国环保总署又重新允许它的使用。

但是，到20世纪90年代中期，清洁剂制造厂商实际上已经放弃了在清洁剂配方中使用TPP的斗争，他们也停止在合成洗涤剂中使用可能带来麻烦的成分。这些改变的结果是，在20世纪90年代后期，多数水体中的磷含量已经开始显著降低，有些地区已经接近零含量。

沉降与沉积

流水会侵蚀地面。它分裂地表的效率体现了水的流速快慢。也就是说，水流得越快，它侵蚀地表的效率也就越高。同时流水也会溶解一些地里的物质。因此，一条河流同时包含了溶解了的物质和悬浮在里面的物质。水流移动得越快，悬浮物质的总量就越多。

随着河流或者溪水的流速变慢，它会丧失一些携带其中固体悬浮物的能力，进而造成这些物质开始沉降下来。重一点的颗粒比如沙砾碎片和沙子就首先沉淀下来，那些轻一点的物质比如泥沙就会晚一点沉降。当一条河流或者小溪汇入湖泊或海洋的时候，它们的流速就会变得很慢，使得河里的几乎所有的悬浮物质都溶解在湖底或海底。这个过程就称作沉降与沉积。有时候这两个过程的产生会有差异，这种差异取决于溶解的粒子的大小，但它们往往又交互作用。

人类大量的活动增加了侵蚀和沉降的速率。举个例子来说，被耕过的土地里的泥土被侵蚀率就要比没有被耕的土地高5~10倍。有建筑的地区的土地要比荒芜之地的被侵蚀率高100倍，矿山的被侵蚀率则是贫瘠之地的500多倍。除了逐日飙升的水污染，侵蚀也在加速可耕农田的流失。据估计，美国每年就会因为这样的原因流失掉33亿吨的肥沃土地。总的来说，人为导致侵蚀的主要原因是固定模式的农耕（如连排种谷）、家畜的饲养、伐木、已开发土地的洪水和建筑工程。

尽管水流对土地和岩石的侵蚀是造成沉降的主要原因，在水中发生的许多化学反应也是导致沉降的原因之一。比如说，溶解在水中的二氧化碳能和水中的钙离子反应生成不溶于水的碳酸钙：

$$CO_2(aq) + H_2O \longrightarrow H^+(aq) + HCO_3^-(aq)$$

$$Ca^{2+}(aq) + 2HCO_3^-(aq) \longrightarrow CaCO_3(s) + CO_2(aq) + H_2O$$

细菌的反应同样能导致沉降的形成，比如，一些水生的细菌摄取能量就是利用铁离子的氧化过程：

$$4Fe^{2+}(aq)+4H^{+}(aq)+O_2(g)\longrightarrow 4Fe^{3+}+2H_2O$$

高价铁在此反应中产生，然后与水反应产生不溶的氢氧化铁：

$$Fe^{3+}(aq)+3H_2O\longrightarrow Fe(OH)_3(s)+3H^{+}(aq)$$

最后，人们的种种行为也导致了湖泊和海洋沉降的增加。废水中的放射性磷酸钠能与水中的钙离子反应形成不可溶的羟磷灰石矿物：

$$5Ca^{2+}(aq)+OH^{-}(aq)+3PO_4^{3-}(aq)\longrightarrow Ca_5(OH)(PO_4)_3(s)$$

沉降与沉积能对环境造成很大的负面影响。举例来说，随着河流、小溪、港口、海湾或者其他水体中的沉降速率的增加，它们能阻断水上运输，还能限制游泳、钓鱼、划船等水上活动。在一些水体中，为了维持水上运输和其他一些商业娱乐活动的进行，疏浚就不能停止。美国陆军工程兵每年都要花费近2亿美元清除7.8万立方码（600万立方米）的沉降物质。

沉降同时还对各种各样的水生生物构成严重的威胁。一个直接的影响就是当沙子、泥土、沙砾还有些其他物质沉降在湖泊、河流、港湾等水体的时候，都能对鱼卵和一些水底生物造成影响。沉降还能造成鱼类和一些贝类的"腮"的阻断，这常常能导致这些生物的死亡。沉降造成的混浊会影响水生生物的觅食，还阻隔阳光进入水中，从而影响光合作用，比如沉降到水生植物的叶和茎的时候，就会使到达植物的阳光减少。

沉降带来的一个较为间接的影响就是那些泥沙、沙砾等物质要吸收杀虫剂、细菌、有毒金属等一些有害物质。据美国环保总署估计，在3亿立方码（2.28亿立方米）被挖掘的土地中，有高达1.2万立方码（900万立方米）土地是受到严重污染并且需要特殊处理的。沉积物是最严重的两种形式的水污染物之一（另外一个是耗氧类物质）。2002年，国家水体质量数据表明，超过30%的河流和小溪，20%的湖泊被列为“受伤的水”，就是因为沉降问题。

要减少沉降和沉积造成的水污染，我们必须减少水源附近土地的开荒和开发。许多的农业技术，如梯田耕种、分带耕种等，都能减少土地侵蚀。从一定程度上讲，越多农民适应这些耕种技术，沉降和沉积问题带来的污染就会越少。

病原体

病原体是能导致疾病的微生物。它们被分为五大类：细菌、病毒、真菌、原生动物、寄生虫。当病原体出现在水里的时候，它们能导致大范围的疾病，这些疾病被称作水体病，包括肉毒中毒、弯由菌病、霍乱、隐孢子虫病、环孢子虫病、痢疾、贾弟虫病、甲型肝炎、沙门菌病、志贺菌病和伤寒。罗思·咱特里克是一位研究水体污染病原体的先锋，她的生平事迹在下面有简要的介绍。

病原体的传播途径很广泛。其中最常见的媒介是水。典型的一个方式就是，一个感染者的粪便或尿液中携带了致病微生物，而这些微生物很容易进入水中。当其他人使用了被污染水，这些病原体就找到了新的宿主，这些人群又将疾病传染，如此往复下去。

水体病在有现代水净化系统的国家里相对比较少见。1999—2000年间，在水体病的39种寄生虫中，有25种与饮用水有关，这些病原体感染了2 068人，2人死亡。在22起确认的疾病中，20起是由病原体导致，只有2起是由化学物质引起。最常见的疾病是胃肠道疾病。约3/4的疾病被发现与饮用地下水有关，这些地下水主要来自私家井。同样在1999—2000年间，59起水体病都是来自被污染的水源。这些病感染了2 093人，没有人死亡。

罗思·帕特里克（1907— ）

人们如何知道水体是否被污染了呢？在某些情况下要回答这个问题是很简单的。有时候只要看一看河水或溪水就会发现其中存在死去的动物和植物、废弃的轮胎和塑料瓶、油膜以及其他很明显的污染迹象。但是要发觉污染也并不总是那么简单的。看起来晶莹剔透、干净纯洁的水有时候可能隐藏着致病生物、有毒化学物质或其他使得这些水在饮用和使用时变得很不安全的物质。在发展监测水污染方法的道路上，罗思·帕特里克（Ruth Patrick）是其中的一个先锋。

1907年11月26日，罗思·帕特里克出生于堪萨斯州的托皮卡。在她7岁的时候，她的父亲送给她一架显微镜，从此以后她就开始对科学产生了浓厚的兴趣。她父亲给她提出了一个期望，这个挑战一直引导着她成年以后的大部分生活，那就是："读书并使自己的思想得到进步"。

后来帕特里克进入奎科大学（Coker College）读书，并在1929年在那里获得了理学学士学位。接着她又分别在1931年和1934年在弗吉尼亚大学（University of Virginia）获得了植物学硕士和博士学位。帕特里克的植物学论文的主题是关于硅藻的，这是一种在地球各地水体中普遍存在的单细胞生物。正是由于她早年对硅藻的研究，才使得她有信心使用这种微小的生物——同时还有其他一些动物和植物——来观察水体的质量。

由于当时女性在科学界工作的机会很渺茫，因此帕特里克不得不离开了弗吉尼亚大学。她在宾夕法尼亚园艺学校做兼职老师，又在坦普尔大学（Temple University）做技术人员，同时她还利用业余时间担任美国自然科学院的莱迪显微协会（Leidy Microscopical Society）的志愿者。因为当时在科学院工作的女性是没有报酬的，所以她不得不在莱迪协会中做一名志愿者。但是在1937年这样的情况发生了改变，帕特里克被任命为莱迪协会的管理者，在这个职位上她一共工作了10年。在这段时期，她将协会搜集的硅藻的资料整理编目，并加入了很多她自己独创的新标本。正如美国自然科学院的查尔斯·瑞蒙（Charles Reimer）博士所写的一样，由于帕特里克所做的大部分工作，使得这分编目资料一直是“世界硅藻研究中独一无二的资源”。

从1948年发表的论文《硅藻分布的影响因素》开始，帕特里克就发展出一套用来确定水污染状况的一般方法，这一方法被称为“帕特里克原理”。根据这一原理，水体的质量和人类活动对水体造成的改变可以由水中发现的生物的种类和数量来确定。这个原理的意思并不是说一个人可以简简单单地跑到一条湖或一条河边上，开始数生活在其中的细菌、青蛙以及其他生物的数量。相反的，它要求一个人必须比较某种特殊的生态系统目前的状态，并用“纯净”或“自然”等状态来描述这一生态系统。

1947年，帕特里克在科学院建立了一个新的湖沼生物学部门（研究湖泊、池塘以及溪流的科学），这个部门现在被称为帕特里克环境研究中心（Patrick Center for Environmental Research）。这个部门的目标是研究淡水生态系统的结构和运行系统，包括河流、湖泊和湿地，此外还要研究人类活动对这些系统的影响。帕特里克作为中心的管理者和科学院湖沼生物学部的部长一直工作了几十年。2003年，已经94岁高龄的她依然还享有美国科学院高级科学家和湖沼生物学弗朗西斯·波意尔（Francis Boyer Chair of Limnology）带头人的头衔。

帕特里克获得过很多荣誉，包括亨氏家族基金会（Heinz Family Foundation）主席勋章，这是自然科学领域的终生成就奖；国家科学勋章（1996），美国湖沼生物学与海洋学协会终生成就奖（1996），美国哲学协会奖励杰出科学成就的本杰明·富兰克林奖（Benjamin Franklin Award），比利时安特卫普皇家动物学会金质勋章（1978）以及约翰与爱丽丝·泰勒生态学奖（1975）。1970年她被选为美国国家科学院院士。位于南加州艾肯的罗思·帕特里克科学教育中心就是以她的名字命名的，以此来纪念她所作出的伟大贡献。

在发表这一报道的两年间，我们发现饮用水中寄生虫的数量发生了小量但很明显的增长。这种增长是由于这些微生物对城市水处理厂使用的常用消毒剂产生了抵抗作用。最常见的病原体就是隐孢子虫属寄生虫，这种寄生虫是1993年美国水体病爆发的罪魁祸首。这场瘟疫影响了40多万人。

相对于美国而言，水体疾病在发展中国家的发生率是很高的，每年都有许多人因此死亡。世界卫生组织估计约4亿人可能会感染上一些形式的痢疾。在这些人群中，每年约有300万~400万死亡。发达国家与发展中国家水体病造成的不同威胁源于对水净化能力和程度的不同。

大多数致病微生物是可以被检测出来的，但是普遍比较慢并且花费较大。在大多数发达国家中，水样里的病原体水平是很低的。因此，除了上文介绍过的能暴发疾病的病原体以外，对个别病原体的检测是很少进行的。相反的，目前一些常用的方法都是用来检测水中的大肠杆菌病原体的。

大肠杆菌是一种在温血动物的肠道或泥土和植物中发现的常见微生物。肠道中的大肠杆菌被归为粪便类的大肠杆菌，最多见的是在泥土和植物里的产气杆菌属的微生物。粪便类的大肠杆菌比较好检测，在任何时候、任何地点，水中大肠杆菌的数量都比那些病原体要多。如果水样中存在大量的粪便类大肠杆菌，则表明其他一些病原体也在水中。

在对粪便类大肠杆菌的检测中，样水要在112℉（44.5℃）下保持24小时。如果有细菌存在，检测者可以统计出形成的菌群数量或者检测管道中的二氧化碳的量。因为大肠杆菌是一群能承受112℉（44.5℃）或者更高温度的耐热性大肠菌群，而另外一些大肠杆菌则不能承受这样的高温，因此这个检测只针对粪便类的大肠杆菌。

用氯来处理水或以其他形式来处理，会杀死水中大量的病原体，而这种处理方法已经成为所有现代的水处理工厂的标准性步骤。氯会抵抗一些特殊病毒形式的病原体，而隐孢子虫病的寄生虫可以使用许多技术来杀除，包括小孔过滤器、紫外射线处理或者是提高氯的含量。数据表明，这些处理大大减少了绝大多数发达国家的病原体水污染问题。然而，由于很多发展中国家缺乏这些处理方法，病原体造成的水污染仍然构成了世界上较主要的污染问题。

有机化学毒物

有机化学毒物（TOCs）指的是一大类人工合成的含碳化合物。这些化合物有时被称作合成有机化合物（SOCs）或者叫持久的有机污染物（POPs）。当今环境学家感兴趣的是那些和农业、公共健康有关的有机化学毒物。这些化合物对动植物有毒害作用，干扰作物的生长或者传播疾病。它们包括杀虫剂、农药、杀真菌剂和除草剂，如二氯二苯三氯乙烷（DDT）、二氯二苯二氯乙烯（DDE）、氯丹、林旦、毒杀芬、异狄氏剂、狄氏剂、七氯、1，4–二氯苯、马拉硫磷、卡巴呋喃（呋喃丹）、西维（胺甲萘）、涕灭威、阿特拉津、五氯酚和四氯酚。另外两类化合物包括多氯化的联二苯（PCBs）和戴奥辛（这些作用物将在第五章中进行讨论）。

许多有机化学毒物是在20世纪中叶被合成出来的。最开始它们被称作“奇迹化合物”，因为它们能很快帮助农民杀灭作物间的害虫和杂草。随着这些产品的应用，农业迅速发展起来，这一发展被称作“绿色革命”。这场革命在20世纪60—70年代遍布全世界。当时许多农业学家应用现代方法遴选基因优质的品种，使用杀虫剂来提高某些发展中国家的作物产量。

杀虫剂在控制许多虫媒疾病方面同样起着很大的作用。比如在20世纪50—60年代，DDT能杀灭疟蚊，这大大降低了当时世界许多地区的疟疾发病率。委内瑞拉的疟疾发病人数从1943年的800多万人降到1958年的800人。相似的结果也发生在意大利，由1945年的411 502人降到1968年的37人；在中国台湾，1945年有超过100多万病例，而到了1969年只有9例。

然而，人们很快发现这些“奇迹化合物”对环境有着巨大的危害。因为它们是人工合成的产物，一些能分解天然物质的微生物并不能影响到它们，因此，它们能在被喷洒的土地里存在很久。它们最终会到达地下水或者被雨水冲到河流和湖泊中。在水中，它们产生的毒副作用对水生生物造成了巨大的伤害。

有机化学毒物能通过许多途径对生物造成危害。许多动物仅仅因为吃了一些含有这些毒物的植物就生病了。有些幸存者虽然没有被毒死，却又被更大的动物捕食掉。这些毒物在捕食者的体内聚集，久而久之，捕食者就因此而受到影响。这些毒物通过食物链的向上移动而不断地聚集起来，这被称作生物富集作用。在一项研究中发现，DDT在水体的浮游植物中的含量为0.25 ppm，在浮游动物中为0.123 ppm，小鱼中有1.04 ppm，大鱼中有4.83 ppm，那些吃鱼的鸟类中含有124 ppm。

目前大量的研究证明TOCs能对大多数的生物产生影响。根据顾问医生伯纳德·韦德汉姆的编译，影响主要包括以下几个方面：

- 蛋壳的变薄和一些食鱼鸟类的变形
- 鱼类和鸟类的甲状腺功能异常
- 鸟类、鳄鱼和哺乳动物的激素水平异常
- 鸟类、鱼类、贝类、水獭和水貂的生育能力的降低
- 雄性的鱼、乌龟、鳄鱼、水獭、水貂、白鲸、北极熊和豹的雄性生殖系统的萎缩与雌性化
- 雌性的鱼、腹足类动物、龟、鸟和哺乳动物雌性生殖系统的减退和雄性化
- 鸟类和哺乳类动物免疫系统的损伤
- 哺乳类的出生高死亡率和缺陷率
- 鸟类行为的变化
- 鸟类、龟、水獭和鲟鱼性器官的不正常

20世纪60年代，一些政府已经开始颁布对某些有机化学毒物产品的禁令。在美国，环保总署在1972年颁布条例，在很多方面禁止使用DDT。如今，许多有机化学毒物已经不再被使用。已经有60多个国家禁止将狄氏杀虫剂、艾氏剂还有异狄氏剂等药物应用于农业中。在一些地方，有机化学毒物被允许用于一些特定的用途。在美国，狄氏剂在1974年不准应用于农业，然而却被允许用来防虫和处理白蚁，直到1987年才被彻底禁止。

在禁止使用有机化学毒物30年以后，其效用才慢慢显现出来，它们对环境的影响大大地降低了。美国的卫生学家和环境学家相信，在泥土和水体里的DDT含量已经低到不会威及人类和其他一些动物的健康了。

然而在世界上其他一些地区却没有这些禁令，因为杀虫剂，尤其是DDT，是众所周知的最有效的防止疟疾的手段。一些国家和地区接受了DDT和其他有机化学毒物对环境带来的风险，继续使用它们来防止疟疾和其他的感染性疾病。在21世纪初，许多国家仍在公共卫生项目中使用DDT和其他有机化学杀虫剂。

在公共卫生、环境、政府方面，这些有机化学毒物仍然面临进退两难的境地。一方面，许多个人和群体继续呼吁禁止使用这类化学物质。他们认为，如果继续使用这类物质，将成为一个极大的风险。另外一些则认为，这些物质在拯救生命方面有很多价值，因此应当继续使用。

2001年，在斯德哥尔摩举行的127个国家参与的关于禁止12

种有机化学毒物的会议中，这两方观点产生了激烈的冲突，这12种有机化学毒物被称作“十二污染物”（dirty dozen）。这“十二污染物”包括：艾氏剂、氯丹、狄氏剂、DDT、异狄氏剂、七氯、六氯苯、灭蚁灵、毒杀芬、多氯联苯、多氯二苯并二恶英和多氯二苯并呋喃。在激烈的讨论和争辩过后，代表们最终作出了决议，这就是《斯德哥尔摩持久性有机污染物公约》。这项条约于2001年5月22日签订，2004年5月17日实施，至少50个国家接受了这项条约。

斯德哥尔摩条约完全禁止了一些有机化学毒物（如异狄氏剂和毒杀芬）的生产和使用，同时也允许其他有机化学毒物应用于特殊用途（如艾氏剂用于杀虫，狄氏剂用于一些特定的农业操作）。另外，很多国家还要求使用一些禁止化合物来用于公共卫生项目。到2003年，有20多个国家采用了那项特权来使用特定的杀虫剂，通常是用DDT来喷洒疟蚊，其中的10个国家是：埃塞俄比亚、厄立特里亚、马达加斯加、毛里求斯、摩洛哥、纳米比亚、南非、苏丹、瑞士和赞比亚。

斯德哥尔摩的讨论和后来有机化学毒物的使用表明了人们对这些化合物的看法存在着分歧。一些批评家指出，由于这些化合物而死亡的人数是极少的，比如说在美国，没有一个人是由于体内蓄积DDT而死亡。相反，使用有机化学毒物除害却拯救了许许多多的生命。1946年，在DDT还没有广泛应用前，斯里兰卡这个国家发生了280万例疟疾，有1.25万人死亡。当1963年该国开始使用DDT后，感染疟疾的人数降到了17人，且没有人死亡。5年后，当DDT被禁用后，疟疾的数量又开始上升，到1968年，达到了50万，有113人死亡。

对于有机化学毒物对人类健康、环境的益处和风险的这场争论以及到底要不要使用这类化合物的问题，看来很有可能还要持续很长一段时间。

重金属

在环境化学中，重金属这个词在传统上是指那些对人类和其他动物的健康有危害的元素和化合物。根据这个定义可以被称为重金属的元素有砷、铍、镉、铬、铅和汞。

但是现在已经有人对于这个词的使用提出了反对的意见。首先，所谓重金属通常包含一些甚至都不属于金属的元素，例如砷和锑这样的半金属。另外一些“重金属”不管以什么标准来看都不属于真的很“重”。例如铍的原子量只有9，而铝的原子量也只有27，但是这两种金属也常常被划分为“重金属”。综上所述，现在一些专家更愿意使用“有毒金属”这个词来取代传统的“重金属”这一名称。这两个词都可以用来指这些元素的单质或化合物。表4-3中的内容概述了一些重金属的来源以及它们对健康的影响，还给出了目前美国居民饮用水中含量的标准，这一标准是由美国环保总署颁布的。

表4-3　一些重金属的背景知识

金属	主要来源	健康影响	饮用水标准
砷	采矿，杀虫剂，电力生产厂	致癌物（？）	10 ppb
铍	发电厂	有毒，致癌物（？）	4 ppb

续　表

金属	主要来源	健康影响	饮用水标准
镉	采矿，工业废料，水管，电镀厂	损害肾，高血压，对水生生物有毒	5 ppb
铬	电镀厂	致癌物（以Cr^{6+}形式）（？）；微量的铬对人体健康很重要	100 ppb
铜	电镀厂，采矿、工业和生活垃圾	微量的铜对人体健康很重要；中等水平含量就会对植物有毒	1.3 ppm
铅	汽油排放，工业废料，采矿，水管	贫血，损害肾脏和神经系统	0
锰	采矿，工业废料	浓度高时对植物有毒	没确定
钼	工业废料	对植物很重要；可能对动物有毒	没确定
硒	农业流失	排放量低时有毒，排放量高时使动物致癌（？）	50 ppb

* 1974年的《饮用水安全法》以及1986年和1996年的修正案中的条款规定，授权环保总署确定饮用水标准。这些标准就被列在此栏目中。

正如表格中所介绍的，重金属对环境造成的危害的形式是多种多样的。表中列出的有些元素在所有被排放到空气中的元素里是对环境危害最大的。环保总署将4种重金属——砷、铅、汞和镉——列入对美国环境危害最大的25种化学物质中（其他的21种化学物质中有18种是有毒的有机化合物，一个是重金属铬，另一个是白磷，最后一个是煤焦油中产生的木馏油）。

重金属中毒在人类的文明史中已经不是一个新现象了。学者们已经就铅中毒对罗马文明的影响进行了相当详细的研究，发现这一现象在当时显然十分普遍（图4-3）。当时将水运送到罗马城以及帝国其他城市居民家中的水管都是由铅制成的，水管里的铅通过溶解在水里源源不断地流向千家万户。喝了这些水的人们体内逐渐积累了相当高含量的铅，而这样的铅中毒又会引起大量的健康问题，包括男性的痛风和不育症，女性的不孕症和死产，成人和儿童的黄疸症、中风、浮肿、精神失常、神经错乱甚至死亡。

另一个类似的重金属中毒的历史案例发生在19世纪中叶，当时制帽工使用硝酸汞（II）溶液来使他们制作的帽子成形。当汞被人吸入或吸收后，就会对制帽工的神经系统造成损害，经常造成他们神经错乱。因此在英语中就产生了“像制帽工般发疯”的说法。

水路的污染有时候是比较难发现的，而在其他一些时候又十分明显。图中显示的塔斯马尼亚州被废铜污染的国王河（King River）的情况就属于后者。

图4-3 被污染的国王河

在现代社会，这种由于吸收重金属而造成严重健康问题的例子相对少了。事实上，仅有的一些案例也基本上是由于不小心吸入大量的重金属或长期少量地吸入金属造成的。例如暴露在铍元素或铍的化合物中的工人们就有患上铍中毒症的危险。这个症状的特点是呼吸短促和肺部发炎、肿胀和受损。这些症状通常会缓慢而长期发展，在这段时间里，被分割得很细小的铍颗粒在肺部逐渐积累，刺激肺部组织并降低肺部向血液输送氧气的能力。环保总署估计，在铍环境中工作的工人有高达6%的人最后都会发生铍中毒。

工业废料无意或有意地泄漏入公共供水系统中也会使普通人陷入重金属的威胁中。或许这样的排放中最著名的案例就是发生在20世纪50年代的日本水俣汞毒事件了。日本水俣的一家生产塑料的公司总是将生产过程中产生的废料排放到公司附近的海湾中。这些废料中含有汞，这些汞又被生活在海湾中的贝壳类生物摄取。而这些贝壳类生物又是当地居民主要的食物来源。随着时间的流逝，当地的居民们慢慢地受到了汞的毒害，死亡率开始增高，出现了各种严重的出生缺陷、肾脏受损，神经肌肉系统也受到了损害，造成了居民的精神失常和死亡。这次事件过去50多年以后，人们还是认为水俣湾的渔业是不安全的。

根据法律要求，美国环保总署每两年都要对美国的水质环境进行调查。调查中会报告造成河流、湖泊、江口、地下水以及其他水体污染的主要污染物质和它们的来源。在2000年发布的一份调查报告中显示，金属是造成江口污染的最主要原因，在被调查的31 072平方英里（80 476平方千米）的水域中有1/4都受到金属的影响；金属是造成湖泊污染的第二主要原因，在被调查的1.73万英亩（700万公顷）

的水域中有22%受到了金属的影响；而在造成河流污染的主要原因中，金属排名第六，在被调查的那些水域中影响了大约6%的水体。

酸性

地表和地下水pH的反常低值（酸性环境）对人类活动造成的影响很小甚至没有。但是过度的酸性（或者更少见的过度碱性）则有可能对水生生物造成相当严重的影响。正如第三章中介绍的一样，鱼卵、鱼苗和未成熟的鱼以及某些品种的成熟鱼对pH值低于4.0（或高于9.0）的环境特别的敏感。

酸性问题往往出现在泄漏酸性物质的工厂、正在运作或已经废弃的矿山附近的水体中。不管是煤矿还是提取各种金属的矿山，只要水从矿表面流过就会形成酸。这其中最常见的成酸过程应该还是当硫化亚铁（FeS_2）被空气中的氧气或溶解在水中的氧氧化形成硫酸亚铁的过程，在煤层和很多金属矿上都存在硫化亚铁：

$$2FeS_2+7O_2+2H_2O \longrightarrow 2Fe^{2+}+4SO_4^{2-}+4H^+$$

$$4Fe^{2+}+O_2+4H^+ \longrightarrow 4Fe^{3+}+2H_2O$$

$$4Fe^{3+}+12H_2O \longrightarrow 4Fe(OH)_3+12H^+$$

$$FeS_2+14Fe^{3+}+8H_2O \longrightarrow 15Fe^{2+}+2SO_4^{2-}+16H^+$$

我们注意到，在这一过程中有两个不同的阶段都会产生硫酸（H_2SO_4）：一次是在硫化亚铁本身被氧化的过程中；一次是在铁（III）离子和硫化亚铁反应的过程中。

在这一系列反应中产生的硫酸的量以及它们被排放进的水的体积决定了水的pH值。在某些情况下，最后所得的溶液是很稀的，其pH值也与未被污染的水的pH值很接近，都略低于7.0。但是在很多情况下，pH值会降得很低，经常能够达到3.0甚至更低。人们已经发现了pH达到2.0甚至更低水平的情况，在这种酸度下根本不可能有生物生存。

随着河水和湖水酸度的增强，还会产生一些额外的影响。插在地下整齐地连在一起作为栅栏的金属会被酸溶解而进入水中。在这样的情况下，低pH值和金属含量增加的联合影响对水生生物的危害比两种情况各自独立影响的总和还要厉害。例如在pH值低于5.0的情况下很多鱼还可以在水里生存；但是如果水里含有少量的铁，哪怕只有1 ppm，即使水的pH值达到5.5鱼也会开始死亡。

人们已经设计了一些方法来减少矿山酸性排水（AMD），进而减少它可能对环境造成的危害。其中最简单的一种方法（至少是理论）就是改变原本应该流经或流过矿山的水流方向。它的原理就是如果水不从这里经过，那么形成硫酸的量就会减少，而被水携带到湖、河以及其他水体中的污染物质也会相应减少了。

另一种截然不同的方法就是用水淹没矿山和周围的地方，用水冲走并溶解黄铁矿以及其他形成酸的矿物。这些冲洗过的水随后被转移到一个巨大的储藏池中，在那里静置一段时间。使用这种隔离的方法，就可以阻止成酸的物质流入自然环境中。

还有一种防止矿山酸性排水的方法是在矿山周围建造一个隔离带。造成矿山酸性排水最重要的独立来源就是废弃的煤矿。在某些情况下，那些煤矿的入口可以被封闭或可以在入口建造隔离物，这样就可以防止酸性水从煤矿里流出后汇入河流和湖泊中。最后，废弃的煤矿可以用沙子、沙砾、粉煤灰或其他物质进行简单填充，这样就可以有效固定住那些还残留在矿山中有潜在成酸作用的物质。

热

美国对水最大的消耗来自冷却目的的使用。热电厂和其他很多不同的工厂从河流、溪水、湖泊和海洋中抽水，它们用这些水来带走发电和其他各种各样工业生产过程中产生的大量热量。这些水随后又被排放回它们被抽来的地方，排放回去的水通常都带有比原来要高很多的温度。目前可以得到的最近一年的数据显示，1995 年美国抽取的所有淡水中有 39%的水都用来进行冷却操作（是灌溉以外第二主要的使用，仅比用来灌溉的水少了 1%），而抽取的盐水中有 95%也被用做同样的目的。

水体热量增加这种情况被称为“热污染”（thermal pollution），这种情况对人类没有什么危害。事实上，热污染甚至还有它的一些好处。例如被加热过的水可以用来喷洒果树，这样可以保护果树不受霜冻的伤害。在控制得好的环境下，这些水还可以用于水产养殖，可以控制鱼类和海产品的养殖。

但是与此相反，热污染对自然生态系统会产生显著的影响。随着水温的增长，水储存溶解在其中的氧气的能力也随之降低。图 4–4 就展示了水对氧气的溶解能力是如何随着温度的变化而变化的。

由于鱼属于冷血动物，它们不能控制自己的体温，它们理想的生活环境的变化有可能造成鱼类的疾病、死亡和繁殖问题。表4-4介绍了不同的鱼类在不同的水温环境下可生存的范围。

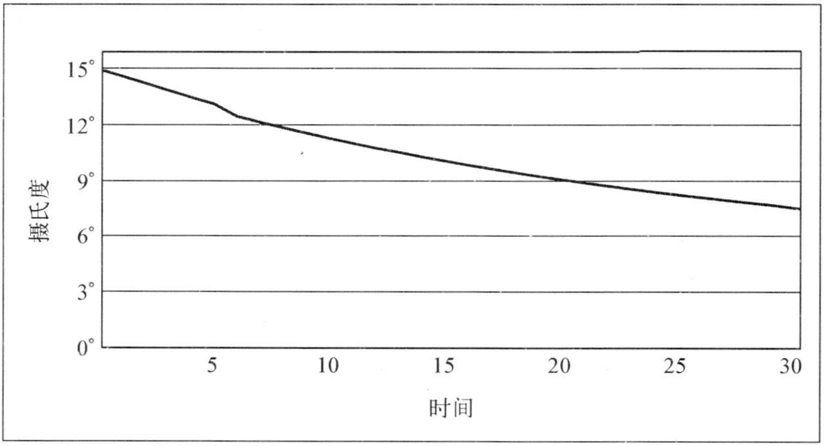

图4-4 不同温度下，水对氧气的溶解度

表4-4 温度对不同鱼类的影响

鱼 种	A	B	C	D
红鲑鱼	64°F（18℃）	72°F（22℃）	50°F（10℃）	55°F（13℃）
布鲁克鳟	66°F（19℃）	75°F（24℃）	48°F（9℃）	55°F（13℃）
虹鳟鱼	66°F（19℃）	75°F（24℃）	48°F（9℃）	55°F（13℃）
大西洋鲑鱼	68°F（20℃）	73°F（23℃）	41°F（5℃）	52°F（11℃）

续 表

鱼 种	A	B	C	D
小口鲈鱼	84°F （29℃）	n/a	63°F （17℃）	73°F （23℃）
大翻车鱼	90°F （32℃）	95°F （35℃）	77°F （25℃）	93°F （34℃）
叉尾鮰鱼	90°F （32℃）	95°F （35℃）	81°F （27℃）	84°F （29℃）
大口鲈鱼	90°F （32℃）	93°F （34℃）	97°F （21℃）	81°F （27℃）
A=幼鱼成长的最大周平均温度 C=产卵期最大周平均温度		B=短期生存的最大温度 D=胚胎产卵的最大温度		

来源：美国环保总署水资源办公室。《志愿河水监测：方法手册》，第五章："检测与评估水质"，可以在线查询，网址：http：//www.epa.gov/OWOW/monitoring/volunteer/stream/vms53.html

除了杀死鱼类之外，水温的变化有可能使水生生态系统整体上产生显著的变化，造成蓝绿藻的大量滋生以及绿藻减少，而在正常的水温条件下绿藻在河流、溪水和湖泊中则更加常见。温度增长造成藻类生长爆发的事件越来越频繁，而大量藻类的滋生又会造成水体中的鱼类大量死亡。

我们可以采取一些方法来控制热污染。很多环境学家提出一个简单的方法就是消费者和工厂尽量减少使用和浪费的电量，这样发电厂就可以减少发电的量。另一个方法就是将这些加热过的水排放到一些在生态上相对不敏感的地方，也就是那些不容易受到热水影响的鱼类、贝类和其他水生生物含量相对较少的水体。另外这些热水可以先用来给家庭、办公楼和其他建筑物取暖。

处理热水最常见的方法则是将那些水排放到巨大的人工冷却池中。在某些情况下，热水是很容易流进冷却池中的，但是在其他一些情况下，它们会通过冷却池被喷洒到空气中。当水从这一池中蒸发或被喷洒出去时，就将水蒸气和热量都排放到了大气中。剩下的冷水就可以排放到自然界中的池塘、湖泊、河流、溪水或海洋中了。

作为控制热污染的一种有效的方法，冷却池的问题在于它需要占用很大的一块土地，原本能够产生经济效益的土地也就无法起到生产的作用了。因为存在这个问题，现在大多数的热水都被排放到一个冷却塔中。冷却塔是一个巨大的建筑，它用泵将热水抽入其中。像在冷却池中一样，其中一些热水蒸发了，将水蒸气和热量排放到了空气中。在某些情况下，冷却塔会让空气自下而上从其中通过（就像图4-5中所示的一样），而在其他一些情况下，热水可以自然蒸发。

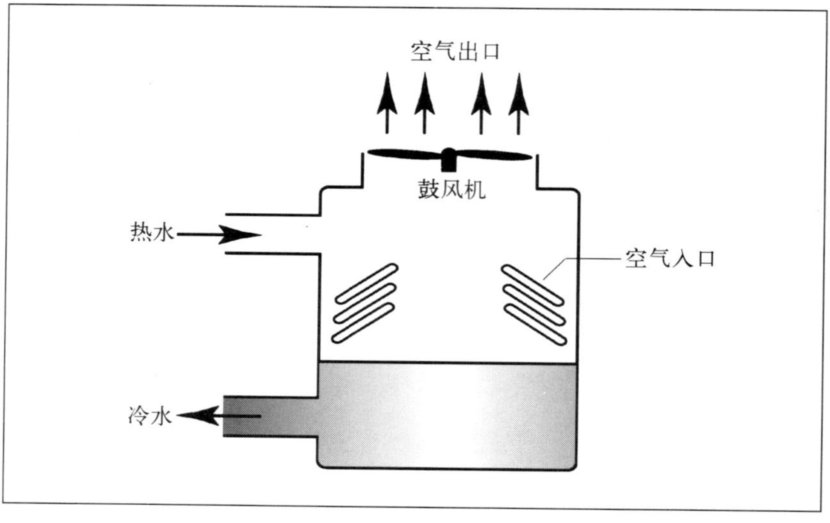

图4-5 强制通风冷却塔的示意图

冷却塔的大小种类很多,有些塔每分钟只能搬运不超过2 000加仑(7 500升)的水,而最大的冷却塔每分钟则可以搬运超过10万加仑(40万升)的水。在使用冷却塔的工厂中,冷却效率最低的可以降低10℉(5℃)的水温,而效率最高的则可以降低超过30℉(16℃)的水温。

1990年《清洁水法修正案》要求环保总署每隔两年向国会提交一份报告,对美国河流、溪水、湖泊、池塘、江口、湿地、地下水以及其他水体的水质情况做一个全面的汇报。表4-5概括了到目前为止所提交的5份报告中3份报告所反映的趋势。这些报告的内容表明,美国的水质在这几年没有发生异常的状况,只是产生了一些相对轻微的变化(既有改进的也有恶化的)。虽然环境化学家对水污染的原理、水污染对动植物的影响以及控制污染的方法都有了进一步的了解,但是相对来说,这些知识对美国水质的实际改善所起到的效果还是比较小的。

表4-5　1992、1996和2000年美国水质概述

水　　体	调查年份	好	受到威胁的	受损害的
河水、溪流	1992	56%	6%	38%
	1996	56%	8%	36%
	2000	53%	8%	39%
湖泊、水库和池塘	1992	43%	13%	44%
	1996	51%	10%	39%
	2000	47%	8%	45%
江口和海水	1992	56%	12%	32%
	1996	58%	4%	38%
	2000	45%	4%	51%

来源:致国会的国家水质目录报告,1992,1996,2000。可登录网址http://www.epa.gov/305b/获得。

五

固体废弃物处理化学

20世纪80年代，美国的费城正遇到一个许多美国城市都存在的问题。这个城市已经把能处理固体废弃物的地方都用尽了。还有个问题就是焚烧一些固体废物产生了大量的灰尘。这些废料包含了有害的化学物质，有一些州如俄亥俄州、弗吉尼亚州、南卡罗来纳州和佐治亚州还不得不接受来自东海岸其他城市的污染物。

在为解决这些问题努力的过程中，一些承包商雇用了一艘长446英尺（142米）的驳船“希安海”号（Khian Sea）把这些废物运到巴哈马群岛的一些人工岛上。这项工作一直持续到1986年9月5日，“希安海”号的船长收到了来自巴哈马群岛政府的谴责，声称他们并没有被允许在这些地区倾倒废物，并且不允许船只再驶入他们的海港。

于是驳船又开始搜寻另一些允许它停泊并卸载货物的国家。从1986年9月到1987年12月间，这艘船访问了百慕大群岛、波多黎各岛、多米尼加共和国、洪都拉斯、几内亚和荷兰的安的列斯群岛。这些地方都拒绝接受费城的垃圾。在1987年的后半年，这艘船终于得到了海地政府的允许同意接受他们的货物。“希安海”号于1988年1月20日到达海地，开始了他们的废物倾倒工作，现在这些废物在戈纳伊夫（gonaives）被当做肥料来使用。当海地环境学家开始抱怨在海地倾倒废物所带来的环境问题之后，当地政府也要求船长停止倾倒这些肥料/废料。

每一次这艘船都运载12 000短吨（11 000吨）的废料/肥料。这一次，船只更名为“费利恰”号（Felicia），开到了斯里兰卡、印度尼西亚和菲律宾群岛，再次尝试找到一个最终能接受费城废物的地方。每一次停泊，船只都被拒绝，最终“希安海”号/“费利恰”号于1988年11月进行了最后一次旅程，这次这艘船是以“佩利卡诺”号（Pelicano）的名字开始航行的，从菲律宾一直开到了新加坡。当船到达新加坡的时候，它并没有携带着它的货物，这些货物都神秘地“消失”在了大海里。1993年6月，“希安海”号/“费利恰”号/“佩利卡诺”号 的运货官员和驾驶者威廉·P.赖利（William P. Reilly）和约翰·帕特里克·多德（John Patrick Dowd），由于伪证罪被起诉并被判入狱。此后再也没有人由于在海地港口或者在菲律宾和新加坡之间的太平洋倾倒废物而被起诉了。

固体废弃物的概述

“固体废弃物”是一个很容易“望文生义”但又很难被精确定

义的名词。美国的联邦法律条规(第一章第261部分第40条)有一个法律定义。与同章其他条款不同,这条法规并没有简单地将固体废物定义为“不能被排放的废弃物”(discarded material that is not excluded),其他条款主要指的是液体废弃物,包括污泥和污水。美国的军方则有另一个更加详细一点的定义:“任何由工业、商业、公共机构和生活排放的垃圾、废料、泥渣,和其他一些废弃的、可以回收的,或者一些固有的没有用的排放物都叫做固体废物”。

美国每年都有约82.5亿短吨(75亿吨)固体废物产生。

这些废物最大的来源主要是农业和伐木业,有数据显示,美国约有一半的固体废物都来自这两个源头。另外有39%的废物是来自采矿业(参见图5-1)。比起这些废物的堆积所带来的问题,这些工

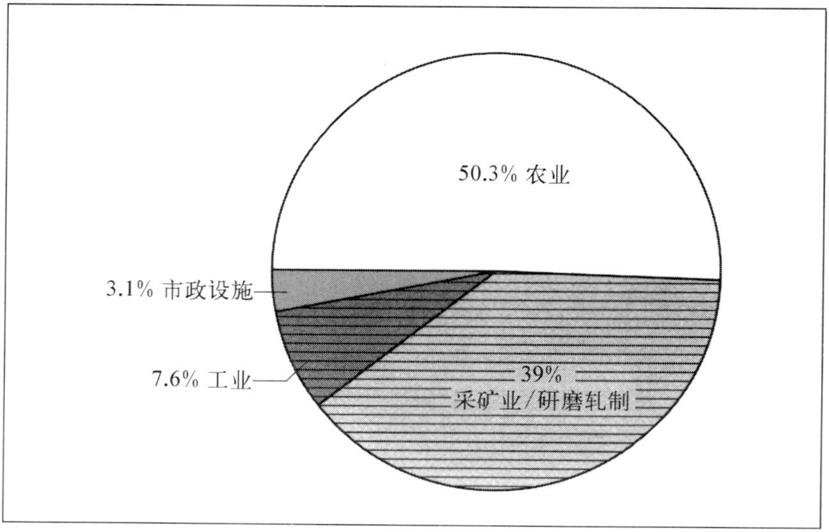

图5-1 美国固体废弃物的来源

业本身对环境的影响往往不那么重要。比如，大量来自农业和伐木业的废物堆积在地面上直到它们被生物降解到土壤中。采矿过程确实会对环境造成一些严重的影响（参看第四章），在采矿过程中产生的大量由泥土和石块组成的废物会不断地堆积和转移。这些转移常常造成了水污染和土壤的侵蚀等一系列环境问题，不过这些问题并不足以危害到人类和其他一些动物的健康。

据统计，大约有7%的来自工业生产的固体废物和3%的生活固体废物造成了现在美国最严重的环境问题。这些废物主要分为3类：纯粹的废物、危险废品、放射废品。每一类废物都能造成一系列问题并需要不同的解决办法。

市政固体废物（即生活垃圾）

市政固体废物这个词所指的范围很广，主要包括来自个人、家庭或者公共活动的废物。图5-2就显示了现今美国市政固体废物的大致组成。

过去的40年中，产生固体废弃物的趋势在某些方面发生了很大的变化。正如表5-1所显示的，从1960—2000年（可以获得数据的最后一年），总的固体废弃物中大多数组成元素的含量始终保持不变。但是有两个例外，一个是金属，它从1960年占固体废弃物总量的大约12%下降到2000年的不到6%；另一个则是塑料，它从1960年仅占总量的不到0.4%上升到了现在的将近11%。

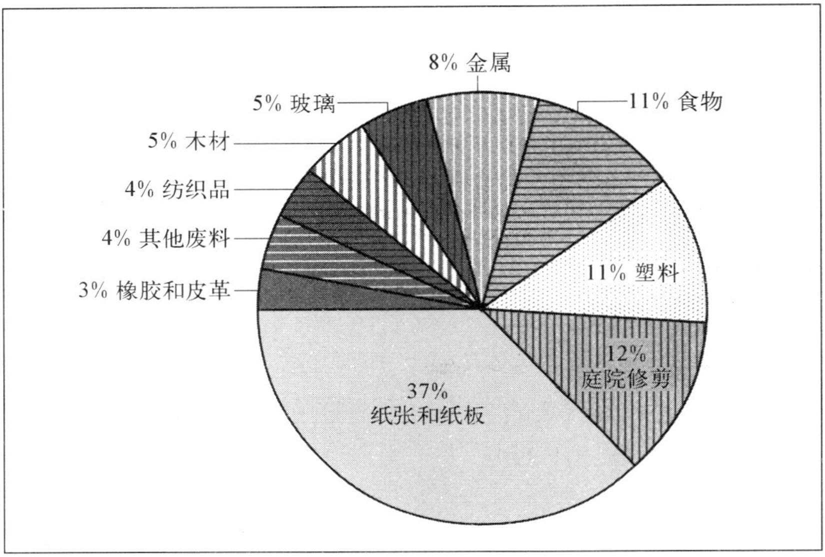

图 5-2　美国市政固体废物的大致组成

表 5-1　1960—2000 年产生的市政废弃物（占总废物的百分数）

材料								
	1960	1970	1980	1990	1995	1998	1999	2000
纸张和纸板	34.0	36.6	36.4	35.4	38.6	37.7	38.2	37.4
玻璃	7.6	10.5	10.0	6.4	6.1	5.7	5.6	5.5
金属	11.7	10.2	8.3	6.2	5.5	5.5	5.8	5.8
塑料	0.4	2.4	4.5	8.3	8.9	10.0	10.4	10.7
橡胶和皮革	2.1	2.5	2.8	2.8	2.9	3.1	2.7	2.7
纺织品	2.0	1.7	1.7	2.8	3.5	3.9	3.9	4.0
木材	3.4	3.1	4.6	6.0	4.9	5.4	5.4	5.5
其他	0.1	0.6	1.7	1.6	1.7	1.7	1.7	1.7

废料								
	1960	1970	1980	1990	1995	1998	1999	2000
食物渣	13.8	10.6	8.6	10.1	10.3	11.2	10.9	11.2
庭院修剪物	22.7	19.2	18.1	17.1	14.0	12.4	12.0	12.0
各种无机废料	1.5	1.5	1.5	1.4	1.5	1.5	1.5	1.5

来源：物体废料与紧急情况应对办公室，《美国市政固体废料：2001事实与数据》，2003年10月。

在某些方面，关于美国市政固体废弃物最显著的一个事实就是其体积的增长率。上面的表格显示出，从1960—2000年美国的市政固体废弃物的总量在持续增长。我们可以发现在这段时期内，所有市政固体废弃物的重量从1960年的不到9千万短吨（8.2千万吨）上升到了2000年的2.3亿短吨（2.09亿吨），在40年的时间里增长了超过150%。当然，在这段时期内美国的人口总数也发生了显著增长。但是人均产生的市政固体废弃物的重量还是从1960年的每人约2.7磅（1.2公斤）上升到了2000年的每人4.5磅（2.0公斤）。

市政固体废弃物处理：填埋

社区将采取什么措施来处理这些废弃物呢？传统意义上来讲，最为普遍的方法是将废弃物掩埋到土壤里。然而到了20世纪60年代，另外两种新的方法开始越来越受到欢迎：焚化和回收。

曾经，对于废物处置的原则就是“将它扔出窗外去”。也就是说，社区必须找到一个不从事任何生产目的，并且保证将来也不会的空地将其占用，成为垃圾场。

垃圾场在美国被法律定义为“不是垃圾填埋区的任何可以作为处置固体废弃物的设施和地点”。因而，一个政府的垃圾场就可以建立在一个旧的砂石坑里、一个干涸的湖泊里、某些牧民的牧场一角或者是不进行正常生产的地方。

然而露天的垃圾场产生了很多环境问题。例如，它会招惹很多老鼠、苍蝇、海鸥、昆虫和其他很多无益的动物，这些动物不仅有碍观瞻而且还会传染各种疾病。另外，开放的垃圾场还会产生各种刺激性气味，影响周边居民的生活；同时，垃圾场还很容易发生自燃，除了散发刺激性气味之外，橡胶、塑料和其他的化学合成材料燃烧还会产生有毒气体。

但是，或许垃圾场对于人类最大的危害是它的渗透液对于地下水和周围水环境的不良影响。这种渗透液是当雨水流过垃圾场的时候所产生的一种溶液或者悬浮液，里面溶解了垃圾中大量的有害化学物质、致病物质和其他的一些有害物质。这些有害物质随之渗透进地下水，或者直接流入河、湖和溪水中，从而对这些水体产生了污染。

在1970年通过《固体垃圾处理法案》的修正案之前，80%的城市垃圾都被扔到露天垃圾场里。这个修正案主要的进步之处在于它鼓励人们对固体垃圾进行填埋作为处理措施。

垃圾填埋区也是存放垃圾的场所，但是是露天垃圾场的进一步改进。一般都会有一个用来储存垃圾的坑洞。被扔进洞里的垃圾一般都覆盖上一层土，之后的垃圾就扔在这层土上面，就这样重复操作，一层土一层垃圾的开始堆砌。这样慢慢就会形成一个由垃圾和土层重叠的大土山。

这种填埋处理垃圾的方式在很大程度上解决了露天垃圾场产生的一些问题。例如，不会有刺激性气味向空气中源源不断地扩散，也不容易引发垃圾的自燃；各种有害动物也会随之减少。但是我们知道露天垃圾场最大的问题——对于地下水和周边水环境的污染——仍然存在。虽然采取这样的垃圾处理措施，但是一样无法避免有毒物质随着雨水形成渗透液进入到附近的水体中。

有一种比较卫生的填埋垃圾的方式，是对普通的处理方式的小的改进。在这种垃圾填埋方式中，废弃物每天都要被一层薄薄的泥土紧紧覆盖。这种紧凑的填埋使大量有害的化学物质不会轻易被雨水冲走。当这一填埋地达到一定的深度之后，再用一层很厚的泥土将其覆盖，一般这层泥土的厚度能达到大约0.6米。

最令人满意的环保的填埋方式就是“安全填埋”。安全填埋包含了一个由某些不渗透材料制成的衬底，这样就可以防止降水造成的渗透液进入地下水或是流入毗邻的河流湖泊中。这一衬底有时候可以用某些如花岗岩等坚硬的岩石制成，也可以使用合成材料制成，这些合成材料通常是不渗漏的柔软的塑料。

安全填埋一般要有相对精心的设计，就像图5-3所示的一样。在这一设计中，废弃物被封闭在底部两层、上部一层的隔离层中，最上面还要覆盖很厚的一层泥土并铺上草皮。出气口插到底部，将渗入隔离层中的液体带走，同时让垃圾腐烂时产生的气体从其上部排出。安全填埋的设计适用于任何形式的固体废弃物处理，但是建设与维护的费用相对来说比较昂贵，因此一般只在有害废料直接倾倒

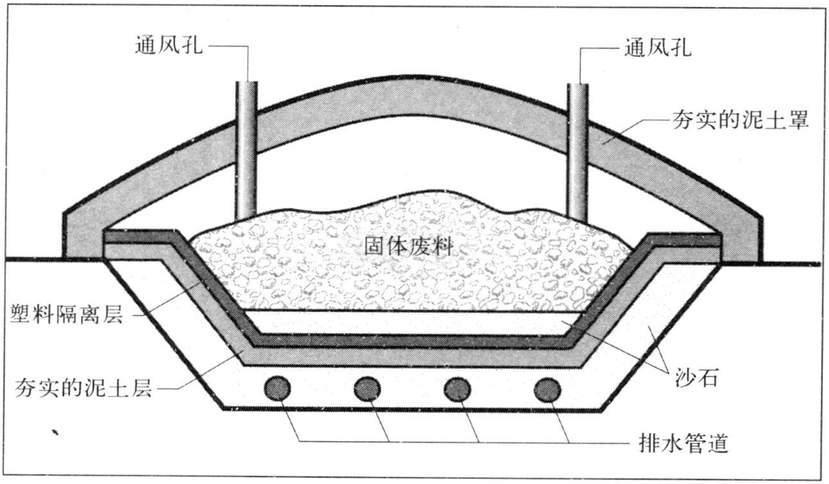

图 5-3　公共垃圾填埋区的结构

的地方才会建设这样的处理系统。

美国已经被关闭的垃圾倾倒和填埋地区的数量很难估算。我们可以知道这个国家具体有多少个独立的社区,却还没有一个可行的办法来计算有多少个这样的填埋地区,因为这个数字实在是太庞大了。

2005年,国家固体废弃物管理协会(National Solid Wastes Management Association)估算,在1970年以后开始使用的2万多个市政固体废弃物填埋场中大约还有1 700个目前仍然在使用中。

与此相反,美国环保总署则随时都会报告美国目前还在使用中的填埋场的数量。图5-4显示了这个数量存在逐年下降的趋势。2001年环保总署报告美国现存的垃圾填埋场还有1 858所。虽然垃圾填埋场的数量减少了,但是在这些填埋场中填埋的固体废料的总体积却一直没有大的变化,因为单个填埋场的面积一直都在增加中。

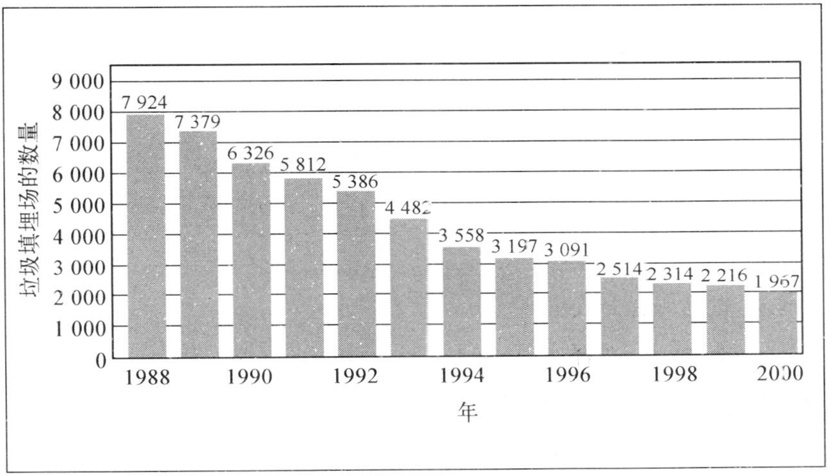

图 5-4　1988—2000 年美国垃圾填埋场的数量

虽然我们已经介绍过填埋造成了一定的环境问题，但是大多数城市所面临的最主要的问题并不是环境上的而是地理上的：当向这些地方倾倒垃圾的时候，城市生存与发展的空间也就这么轻易地消失了。很多城市都开始在远离市区的地方寻找可以倾倒垃圾和废物的地方。本章开头介绍的费城就是一个很好的例子，它让自己产生的垃圾漂洋过海在世界各地寻找可以倾倒的地方。

另一个例子就是纽约市。长期以来，位于纽约斯塔滕岛（Staten Island）的"清泉"垃圾填埋场（Fresh Kills Landfill）一直是纽约市最大的市政垃圾填埋场。这个填埋场从1948年开始投入使用，到2001年它已经成为世界上最大的垃圾填埋场。更有甚者，一些评论者称它为世界上最大的人造物体，一个从宇宙中都可以被轻易发现的2 000英亩（8平方千米）的"奇迹"。每天都有大约2.7万短吨

（2.45万吨）的城市固体废弃物被运送到“清泉”垃圾填埋场。

但是与其他垃圾填埋场一样，“清泉”也有很多类似的问题。首先，一些专家报告指出，每天它都向地下渗漏多达200万加仑（760万升）的液体废料。最终在2001年，“清泉”达到了其容量的极限，再也没有多余的空间来存放垃圾了，于是在2001年的3月22日，纽约市的最后一个垃圾填埋场就这样关闭了。纽约不得不去寻找另一个地方来倾倒这个城市所产生的固体垃圾。

首要的两个选择就是宾夕法尼亚州和弗吉尼亚州，这两个州都有着广袤的乡村土地，长期以来很多其他的州和城市都很想将他们的市政固体废弃物填埋在这里。

但是每天将城市所产生的固体废弃物千里迢迢地运送到这里，对城市的经济来说无疑是一场噩梦。据估算，每年因为新的垃圾处理计划，纽约将要额外付出3.7亿美元的财政支出，而随着时间的推移这样的开销将逐年增大。但是这座城市别无选择，由于自己没有可供填埋垃圾的场所，纽约也只能接受来自其他州的帮助（当然这样的帮助并不是无私的，是建立在一定利益基础上的）。

但现在纽约已经不是独一无二拥有这种特殊关系的城市了。美国其他的大城市都在将它们的垃圾和废料运送到其他州或自己州中更遥远的地方，这些地方拥有更广阔的土地同时也愿意接受这些垃圾。像西雅图现在就将其产生的垃圾全部都运送到别的地方，而芝加哥也输出了该市60%以上的废弃物。

每年，美国国会研究服务部（Congressional Research Service）都会准备一份“致国会的报告”，其中就概括了各州之间固体废料的运输情况。在2002年的报告中，它指出5个固体废料最多的输出地区是纽约、新泽西州、伊利诺伊州、马里兰州和密苏里州。最大的垃圾输出地纽约向其他州输出了749万短吨（681万吨）的固体废料，而新泽西州则输出543万短吨（493万吨）。与此相反，最大的垃圾输入地则是宾夕法尼亚州、弗吉尼亚州、密歇根州、俄亥俄州和印第安纳州。宾夕法尼亚州接收的垃圾量显然是最大的，达到了1 066万短吨（969万吨），而弗吉尼亚州则接收了409万短吨（372万吨）的垃圾。这两个州由于可接收废料的农村地区相对比较广大，而它们的地理位置又与一些城市（如纽约市和费城）比较邻近，这些城市自己没有可以处理垃圾的地方或地方很少，因此这两个州的排名是最前的。

社区本身一般都没有可以倾倒固体废弃物的地方。3种最常见的备选方案分别是倒入如大湖或大海等大的水体中、焚烧固体废料以及回收再利用。在这3种选择中，向水体中倾倒垃圾现在已经被严格禁止了，因此对大多数社区来说现在可供选择的方案就只有焚烧和回收再利用这两种了。

市政固体废弃物处理：焚烧

固体废弃物的焚烧处理有着短暂的历史。19世纪70年代末期，在英国的诺丁汉郡建立了第一家废弃物焚烧工厂。有趣的是，这家焚烧工厂的目的是利用焚烧固体废弃物所产生的热能来为附近的圣安妮斯（St. Annes）的房屋供暖。尽管在许多场合并没有实际采用，但是现代焚烧项目仍然经常推荐使用固体废弃物焚烧产生的热能。

在英国，人们对废弃物焚烧计划的兴趣增长很快，截至1910年，全国已经建立了200多家这样的工厂。但是由于存在着很多局限，到1996年，全国仅有6家得以存活下来。

在美国，废弃物焚烧计划的实施逐渐赶上了英国。譬如，波士顿的卫生部门在1890年宣称，废弃物焚烧是最好最安全的垃圾处理方法。但是由于建立垃圾焚烧厂的投资太大，政府建议家庭在自己家的厨房焚烧垃圾！与此同时，到1914年，全国已经建有300多间焚烧工厂（通常叫做焚化炉）。焚烧很快成为最普遍的垃圾处理方式。1924年进行的全国范围的调查结果显示：最普遍的垃圾处理方法是作为牲口的饲料和养料（被广大农民采用），有38%的垃圾用作该用途；焚烧是第二位的处理方法（29%），空地抛弃排在第三位（17%）。

表面看来，焚烧是一个很有价值的固体垃圾处理方法，它的确解决了大多数区域的重要问题：缺乏用于处理废物的空地。但是垃圾焚烧带来的环境问题也限制着它的推广。首先，焚化炉的造价十分昂贵，很多团体不愿意或者不能支付初步建设费和焚烧项目的启用费。

其次，焚化炉很有可能会向环境中释放有毒物质。在一些合成物质在燃烧过程中，一部分有毒物质会随着灰尘留在焚化炉中，而其余的则会释放到空气中。由于这些有毒物质很容易被忽略，政府可能不会发觉环境已经被焚烧过程所影响。另一方面，环境学家发现焚烧工厂经常建在人口多的社区，给社会制造了不同比例的环境污染。

焚化炉的造价以及它潜在的污染问题，导致在美国焚烧处理垃圾远没有在其他国家流行。(以焚化炉为主要途径的垃圾处理方法在日本和欧洲一些国家仍然流行。)第二次世界大战之后,新焚化炉的建设逐渐减少,直到1960年总数减少到15家。之后的20年,焚化炉的数量有所增长,在达到112家后,又出现了衰退,这一变化在图5-5中有所呈现。导致焚化炉数量减少的主要因素是1970年实施了《清洁空气法》,该法案严格限制了可能向空气中释放有毒物质的污染工厂的数量和类型。

在2002年记录的112家美国焚烧工厂中,有102家(91%)使用的设备都是废物-能源转化设备,也就是人们通常所说的无来源能源(RDF)设备。这些焚化炉焚烧市政固体废弃物,并利用燃烧产生的热能来发电。2003年,这102家焚化炉燃烧了全国15%的市政固体废弃物,产生了2 800千瓦电能。这占了原料发电量(可以直接用

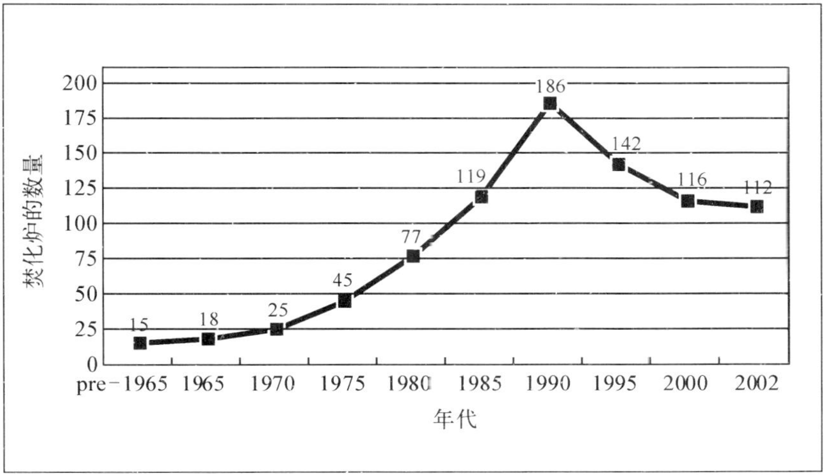

图5-5 美国的市政固体废料焚化炉的数量(截至2002年)

于发电转化为燃料的原始材料）的1/4，也占全美国发电量的1.4%。

废物–能源转化设备的支持者指出，这些设备解决了许多环境问题。例如，防止了沼气、二氧化碳、氮氧化合物等导致全球变暖的温室气体的释放。焚化炉对有价值的化学燃料的保存也有作用。当然，它们解决这两个问题的前提是能够在处理固体废弃物的同时提供新的能源。

废物焚烧计划的反对者则认为，相对于解决部分环境问题而言，这些工厂制造出的环境问题更多。他们指出，焚化炉是氧化物、汞、卤化物的一个主要的释放源。另一方面，焚化炉的造价和保养费用都非常昂贵，并且只能提供很少的就业岗位。此外，如果在不合适的地点建造焚烧工厂，公司会有负面记录。总之，废物–能源转化的焚烧炉在额外资源丰富的地方的利用价值很小。

减少市政固体废弃物的措施：回收再利用

再利用原料的方法不是最近才有的。考古学家指出，很多古文明已经能够将建筑材料反复利用。先前建寺庙、纪念碑所用的砖和石头经常会在以后的建设中被使用。

譬如，在泰国有利用吃饭用的旧碟子来装饰皇家寺庙的建筑传统。罗马大剧院是另一个类似的例子，威廉·拉思杰（William Rathje）和库伦·墨菲（Cullen Murphy）在《垃圾！垃圾的考古》（*Rubbish! The Archaeology of Garbage*）一书中指出，罗马大剧院就像一个采石场，几世纪的罗马人都从中获取建设城市的石头。

当然，我们所提到的回收再利用是一个现代概念，指的是对原料的再生成、再设计以及再利用，目的是减少固体废弃物的排放量。一些历史学家指出，美国1690年建立在威斯康星湖岸的第一家造纸厂就是一个回收再利用的例子。但是这个评价忽略了建设者威廉·瑞顿豪斯（William Rittenhouse）的最初动机。瑞顿豪斯在工厂中使用旧纸和旧布主要是为了制造新的纸张而不是为了减少固体废弃物。

或许在美国，最早的有系统且大规模地通过回收利用来减少固体废弃物排放量的例子发生在1897年，纽约市长乔治·E.华林上校（Col. George E. Waring）提出一个解决街道清洁问题的双重方法。首先，他提出不仅仅要清除每天被排放到街道上的垃圾，此外，他还希望能够将这些垃圾从城市的额外支出转化为有价值的收入。

为了实现这个目标，华林建立了美国第一个垃圾回收系统。他提议由一组工人收集灰烬并把它们运到垃圾处理场，之后利用它们建设新的地面或其他适宜的用途。他挑选另一组工人来收集动物废弃物，并将其利用为养料。第三组工人被安排去收集废旧布料、纸张及其他可能被还原成初始原料的废弃物（譬如废旧布料和废纸可以转化为纸张）。华林的回收系统适用于任何可能有潜在应用价值的原料，例如纸张、金属、粗麻布袋、毛毯、麻绳、橡胶、玻璃及毛织品。任何其他不太能被回收利用的则被送入焚烧炉，并将燃烧产生的热能用于提供城市电力。

不幸的是，华林仅仅当政3个月，1897年12月，一位新的市长当选，华林设计的废物回收系统被废除了，纽约城又采用了传统的垃圾处理方式——丢弃到大海里。到19世纪80年代，纽约已经不再将垃圾丢弃到东河（East River）的平台上而是用船运输到大西洋中。

纽约的垃圾处理方式在19世纪80年代的美国是十分普遍的。在1900年代，美国仍是一个以农业为主的国家，65%的居民生活在农场和农村。垃圾回收项目在大多数地方是简单的。城市将废弃物运输到农村，并利用为养料，产出的食物和原料则从农村运回城市。垃圾回收成为人们日常生活的一个常规组成。废旧的衣物没有被丢弃，而是被剪成可以利用的布条等其他产物。牛奶瓶需要被返还到牧场，经过清洗、消毒后再次使用。一般情况下，大多数城市和农村里的废料都会被简单地用于其他用途而不是丢弃。

自1920年起，由于3个重要的进步，这种模式有所更改。首先，美国迅速城市化，到1920年代后期，在美国历史上，城市人口（55%）第一次超过了农村人口（大约5 000万人）。城镇中固体废弃物的产生量也随之增长，世纪初的简单回收系统已经很难持续。

其次，同一时期的经济增长带来资本收益的增长。在20世纪初的20年内增长幅度达到38%，1900年是757美元，1920年则增长到1 050美元。这个趋势在全国普遍发生，1920—1940年资本回报率上升了30%，1940—1960年上升了56%，1960—1980年则达到了347%，20世纪的最后20年则是196%。整个20世纪，美国成为一个不需要精打细算的国家，可以承受得起产品和原料没有被充分利用就丢弃的情况，对垃圾回收利用的考虑也很少。

第三个影响垃圾回收模式的因素，是由于化学工业的发展导致的新原料和新产品的大规模出现。我们今天利用的产品大部分是由不可回收物质组成的，例如塑料，它本身不可能从自然界中取得，是由于科学技术的发展而被人们所利用。在1900年，美国40%的消费品是可再生的物质组成的，譬如木制品、纤维制品和农产品。剩余的60%则是由不可再生的原料制成，譬如金属制品、矿物制品和一些有机合成品。到2000年，这个比例大幅度地改变了，只有8%的消费品是可再生材料制成的，剩下的92%都是非可再生的。

这三个因素联合导致美国人对待固体废弃物的态度在1960年时和1900年完全不同：他们开始使用大量的没有生物降解能力的产品，而用完后则被简单丢弃到最方便的地点：开放的水渠、垃圾堆积场、湖泊甚至海洋。

现代的垃圾回收利用运动是伴随着现代环境运动而产生的，起源于20世纪60年代。《垃圾制造者》（*The Waste Makers*）、《富裕的社会》（*The Affluent Society*）等书唤醒美国人意识到消费习惯正在影响着环境。其中的一个活动就希望寻求一种新的垃圾处理方法来正面解决环境问题。

凡斯·帕克德（1914—1996）

美国人通常因为卓越的科学家或政客所写的文章或所做的演讲而觉悟到新的环境问题。雷切尔·卡森在她很著名的著作《寂静的春天》（1962）中所关注的杀虫剂问题就是这样一个例子。

但是有时候，环境的警告往往来自意想不到的地方，比如当某些小说家或纪实文学作家出于个人原因选择创作一本关于新的环境问题的著作的时候，也有可能带来这样的警示效果。1959年，凡斯·帕克德（Vance Packard）所写的畅销书《垃圾制造者》（*The Waste Makers*）就是这样一种情况。帕克德的书所选择的话题是有计划的报废，这是一个被很多制造者所接受的策略，那就是他们所制造的产品一定要在不久的将来过时淘汰。

1914年5月22日，凡斯·帕克德出生于宾夕法尼亚州的格兰维尔萨米特（Granville Summit）。1936年他获得了宾夕法尼亚州立大学的学士学位，第二年又在哥伦比亚大学获得了硕士学位。他的第一份工作是在宾夕法尼亚州立大学当地的一家报纸——《中心每日时报》（*Centre Daily Times*）当记者。后来他又分别在《波士顿记录》（*Boston Record*）（1937—1938）、美联社特色服务部（Associated Press Feature Service）（1938—1942）、《美国人》杂志（*American magazine*）（1942—1956）和《科利尔》杂志（*Collier's magazine*）（1956）担任记者、编辑、专栏作家与特约撰稿人。1941—1944年他在哥伦比亚大学讲授报告与杂志写作课程，1945—1957年又在纽约大学讲授同样的课程。

他写的前两本书分别是《如何选择一个伴侣》（*How to Pick a Mate*）[与克利福德·罗斯·亚当斯（Clifford Rose Adams）合著；1946]和《(动物)智商：动物的人性面》（*Animal IQ: The Human Side of Animals*）（1950），这两本书

都没有取得特别的成功。他首次取得成功应该是1957年出版的《隐藏的说服者》(*The Hidden Persuaders*),这是一本关于广告商用来销售他们的商品时使用的伎俩的书。这本书一共销售了100多万本,并登上《纽约时报》的畅销书排行榜。《隐藏的说服者》的成功案例随后又被其他一些书所复制,这些书所探讨的话题后来被称为"流行社会学",也就是从纪事的角度来分析流行的社会话题。

20世纪的美国人与几乎所有的前人都不一样,他们已经开始接受所购买的产品质量并不是很好的事实。当使用了很短一段时间后产品出现损坏或失灵时,他们一点都不觉得奇怪。当这种情况发生时,他们就直接把这些产品扔掉然后再去买一个新的(有时候是"改进型"的)产品。这种"有计划的报废"策略令消费者高兴,因为他们可以有机会不断地购买新的产品,而这也令制造商很高兴,因为这使得工厂可以让新产品的产量始终保持在一个很高的水平上。帕克德的书的话题很简单却很有力:"浪费已经成为美国人生活方式的一部分了"。

当然,这种有计划的报废对环境造成的问题就是造成了前所未有的垃圾堆积量,这是目前这种规模的国家在废物处理方面都必须要面对的一个首要问题。在《垃圾制造者》一书中帕克德指出,20世纪50年代美国盛行的"扔掉"主义产生了一系列社会、经济、民族和环境问题。

除了《隐藏的说服者》和《垃圾制造者》这两本书以外，帕克德还陆续出版了很多本著作，其中包括探索美国各个阶级行为举止的《攀权附贵者》（*Status Seekers*）（1959）；讨论男人和女人努力攀登“企业阶梯”追求成功的《金字塔的攀登者》（*The Pyramid Climbers*）（1962）；处理企业闯入个人隐私问题的《赤裸裸的社会》（*The Naked Society*）（1964）；讨论美国社会习俗改变的《性的荒野》（*The Sexual Wilderness*）（1968）；分析不断增长的美国移民工人将有可能对社会造成无法预料的危害的《陌生人的国度》（*A Nation of Strangers*）（1972），以及一项关于医药和心理学研究造成人类生活本质改变的有点耸人听闻的研究《人类塑造器》（*The People Shapers*）（1977）。

截止到20世纪70年代末，帕克德似乎把他可以或想写的话题都讨论遍了，因此在剩下来的20年中，他大部分时间都处于退休状态。1996年12月12日，帕克德在马萨诸塞州的马撒葡萄园（Martha's Vineyard）离开了人世。

现在美国广泛应用两种垃圾处理方法。第一种叫做资源再利用。建设大工厂来接收城市垃圾，随后这样的工厂再对垃圾进行分类，譬如，金属制品、塑料制品、生活垃圾。如含铁合金就能通过磁铁被选出分离，这些金属制品将被进一步运到金属锻造厂回收利用。

不能被回收的可燃部分就被燃烧以获取能量，在这一部分中，再利用工厂和废弃物–能源焚烧炉比较类似。事实上，它们是相辅相成的。不可燃的废物材料被筛选出来填埋在垃圾处理厂。在填埋之前还将经过处理，减少它们的体积以便更利于填埋。

第二种垃圾回收的方法是资源分离法。在这个系统中，每个家庭将各自的垃圾分为可回收的部分和不可回收的部分。例如，他们把空的玻璃瓶、铝合金罐、废旧报纸等放入一个垃圾筒中，其余的垃圾放入另一个。一些城市要求的垃圾分离甚至更细化，玻璃制品、塑料制品、金属制品、纸制品等分别存放。清洁工人从每家收走垃圾，将同种垃圾放在一起集中到回收利用中心。一些物品甚至可以被直接卖到锻造厂，而不能被回收利用的则被燃烧或填埋。

从1960年开始的回收利用项目在美国获得了巨大的成功，到2000年，有9 250个社区采用了这种"资源分离"的再利用项目，资源回收再利用工厂不再满负荷运行，到2000年仅剩余100家，这些工厂每天能吸收95 700吨废弃物。

图5–6表现出美国在1965—2005年的垃圾回收利用趋势。在1965年前，关注度很低，政府在这方面也没有长期的政策。图表指出，市政固体废弃物的回收利用率从6%上升到2005年的30%，并且在2005年有7%额外的生物可降解废弃物被回收利用；而1990年以前则没有此类项目，1990年也仅有2%。

尽管大部分的废弃物仍是被燃烧或者填埋，但是越来越多的废弃物通过各式各样的方法被回收利用。

对于部分环境学家来说，找到更好地处理市政固体垃圾的方法已经不是让他们满意的目标。他们认为，最有价值的目标应该是尽可能地减少固体废弃物的排放量。这个认知逐渐被人们接受。环保

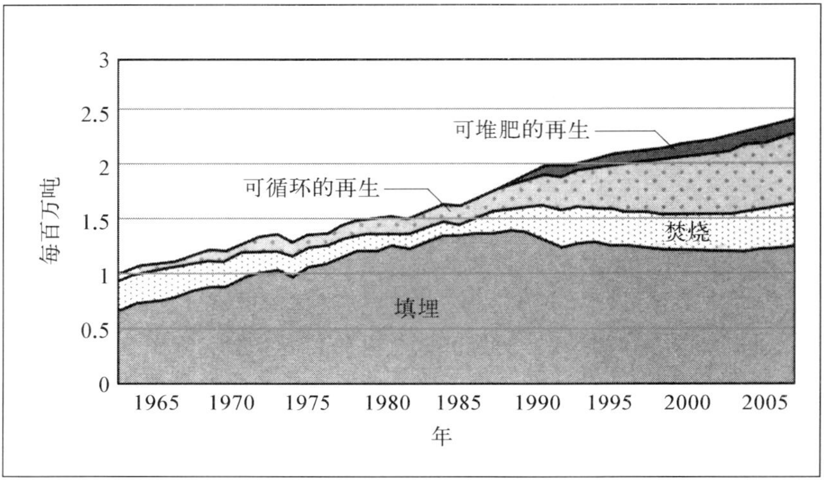

图5-6　美国对固体废料处理方法的变化趋势

总署将这种源头上的减少定义为“在设计、制造、使用上减少原料的损耗从而进一步减少垃圾的毒性”。环保总署还指出，“再利用是另一个避免浪费资源的有效方法，因为它防止了资源进入消费环节”。

一个重要的关注点是包装用物质，许多货物在销售和运输时带有多层包装。据估计，包装用物质占据了所有固体废弃物的1/4到1/3。这些包装袋有时仅仅几分钟后就被扔掉了。关于包装袋的问题，一个经常被引用的数据显示，塑料包装袋的使用增长量从1990—1997年增长了5倍。很显然，从长远看回收利用并不能解决固体废弃物的处理问题。

另一个可能的节省途径是玻璃瓶和塑料瓶。这种容器一般用途很固定，在用完后往往就被直接掩埋了。但是现在制造商们已经感受到了这方面的压力，开始鼓励顾客在使用完之后能够将其回收，这样这些瓶子就可以被清洗以后再次投入使用了。1971年俄勒冈州成为第一个制定空瓶积存法律的州。这条法律要求顾客为在该州购买的所有啤酒和碳酸饮料额外付出一定的押金。大多数容器的押金为5美分。当容器被回收以后,顾客就会被退还等量的押金。到2006年为止,已经有11个州分别通过了各种形式的空瓶积存法,它们是:加利福尼亚州、康涅狄格州、特拉华州、夏威夷州、爱荷华州、缅因州、马萨诸塞州、密歇根州、纽约州、俄勒冈州和佛蒙特州。

为了防止一些商业产品在使用完之后被直接送入垃圾处理系统,人们还作出了其他一些努力,因为不管它们是被直接填埋、焚化还是被送入回收站,都有可能变成一种浪费。很多制造商已经展开或正准备展开让消费者返还所有或部分他们所销售的产品的计划。例如在2001年,索尼公司开始在美国的6个州回收并循环再利用他们所销售的一些电子产品,其中包括电视机和电脑显示器等。

全球很多国家已经开始对资源减少的问题采取了法律监管的方式。例如欧盟要求,只要是在欧洲制造的汽车,如果消费者决定要将它们报废,则制造商必须回收这些汽车,并且其中的85%必须可以循环再使用。挪威也通过了一项法律要求电器与电子产品制造商对他们生产的材料进行回收循环再利用。 而在巴西,“国家固体废弃物政策” 要求各公司企业必须获得特殊的许可证以后才可以运营,这一许可证强制企业对各自生产和销售的产品必须全部或部分回收再利用。

即使制造过程中很微小的努力也可以创造出重大的价值。例如,环保总署的报告称,塑料软包装饮料瓶在1977—1999年期间从

2.4盎司（68克）减少到1.8盎司（51克）。这一变化每年节省了0.25亿磅塑料。同样的，麦当劳公司所作的看似微小的改进同样促进了能源的节省。例如，他们（1）将餐巾纸减少了一寸，每年将节约1 200万磅的纸张；（2）将三明治包装纸的重量从20磅检验标准降低到15磅检验标准，每年节约300万磅的纸张；（3）减少纸杯包装褶皱分隔的数量每年将会节约200万磅纸张；（4）将热饮杯子的材料换成更轻的材料，每年会节约900万磅纸和塑料。

总之，根据环保总署统计，这些看似微小的节约举动在1999年一年间减少了5 000多万吨市政固体废物。

工业废料

工业生产所产生的固体废料造成的问题与市政固体废料一样：每年会造成同样多的废料。2000年，美国工业废料的体积大概为市政固体废物的2倍，约为5.7千万短吨（5.18千万吨）。但是工业废料还会造成其他问题，因为其包含很多化学元素和对人类、动植物有害的物质。这些元素和物质被归为“危险废料”。危险废料造成多种技术、经济和社会问题，其中一些问题我们会在关于罗伯特·布拉德（Robert Bullard）的生活和工作中予以描述。

环保总署列了一份表格，将百余种元素和化合物归入“危险”类，并划分危险废料为四个类别，如图5-2所示。任何公司，如若有固体废弃物产生，必须自行辨认这些废料中是否有列表中的危险品。如果有，必须按照环保总署规定的方法认真对待、储存、和/或处理。

表5-2　危险废料分类表（美国环保总署规定）

分类	定义	例子
F类废料	非特定来源可以普遍发现的废料	电镀操作中使用过氰化物镀液，用于去除油污的卤化剂废料，污油焚化或热加工的余渣，石油加工的沉淀物
K类废料	来自于特殊加工业的废料（通常是化学或农药加工）	木材防腐产生的废料，颜料加工，有机化学制造
P类废料	几乎不使用、被禁止或限制使用的高毒性化学制品	丙烯醛，砒霜，狄氏剂，七氯，灭虫威，四氧化锇，2-丙烯醛
U类废料	毒性稍弱的化学制品，通常是某些生产过程的中介，而不是最后的工业品	乙醛，1，2-二氯苯，铬酸钙，氯仿，滴滴涕，水银，（三）聚乙醛，邻苯二甲酸酐

在1976年资源保护和恢复（RCRA）行动中，环保署将注意力集中在了处理30种特别重要的危险化学废料上。这些化学废料被称为“优先权最小化学废料”（WMPC），如图5-3所示。表中的内容随时间而变化，反映了在环境中减少这种或那种化学物质的成功，还反映了将此类化学物质去除和用另一种对环境有益的化学物质来替代这种物质的能力。

表5-3　2003年的优先权最小化学废料（WMPC），根据环保总署的定义

有机化学品与化合物		
1，2，4-三氯苯	二恶英和呋喃	萘
1，2，4，5-四氯苯	α和β硫丹	多环芳烃
2，4，5-三氯苯酚	艻	二甲戊乐灵
4-溴苯基醚	七氯	五氯苯

续 表

有机化学品与化合物		
二氢苊	六氯苯	五氯硝基苯
苊烯	六氯-1,3-丁二烯	五氯苯酚
蒽	δ-六氯环己烷	菲
苯并(g,h,i)二萘嵌苯	六氯乙烷	嵌二萘
二苯并呋喃	甲氧氯	三氟硝胺
金属和金属化合物		
镉	铅	汞

环保总署为这一份列表每两年就会准备一次报告。报告总结了每种化学物质产生的数量以及产生的最多的化学物质的数量、主要资源、垃圾的处理方法以及关于表上其他物质的重要数据。2004年2月出版了1991—2001年的报告。

2001年生产体积最大的5类优先权最小化学废料为:铅、萘、六氯-1,3-丁二烯、六氯苯和六氯乙烷。铅、萘和六氯-1,3-丁二烯占到优先权最小化学废料的近80%。铅是2001年优先权最小化学废料产生的最大量的物质,近3 700万磅,占总量的53%。

2001年产生优先权最小化学废料最多的工业为铝工业和氯工业(SIC编码为2812)。[标准工业分类(SIC)编码是美国管理的所有工业类型的分类系统。]接下来的4个工业为爆破锅炉和钢铁冶炼(SIC 3312),主要黑色金属(SIC 3339),工业无机化学(SIC 2819)以及蓄电池(SIC 3691)。铅是所有这些工业的副产品,不管是在产品元件还是在工业废料中的含量都很大。

2001年关于优先权最小化学废料的报告同样给我们带来了好消息,

这表明在处理有害废料的攻坚战中我们又取得了新的突破。2001年产生的优先权最小化学废料的量仅仅是1991年总量的不到53%，大大超过了环保总署预定的到2005年减少此类有害废料排放量50%的目标。

表5-4列出了一些进步非常明显的优先权最小化学废料。我们可以发现表格中列出的某些化学产品减少了将近100%，这表明了将此类化学产品排除出环境危害列表的目标几乎就要达到了。

但是如表中所示的一样，2001年的消息也并不都是好的。有些优先权最小化学废料的产量也发生了显著的增加，如镉及其化合物以及1，2，4-三氯苯等。总的来说，对某些最重要的有害化学物质的处理已经在我们的控制之中了。

表5-4　某些优先权最小化学废料的产生趋势，1991—2001

化学物质种类	化学物质	1991年总量（LB）	2001年总量	改变（%）
金属	铅和铅化合物	78 385 105	36 742 444	–53.1
	镉和镉化合物	2 583 408	3 636 610	+43.2
多环芳烃	萘	26 872 979	9 918 049	–63.1
	蒽	10 821 191	370 586	–96.6
氯代脂肪烃	六氯1，3-丁二烯	11 490 810	6 482 741	–43.6
	1，2，4-三氯苯	1 137 181	2 126 359	+87.0
杀虫剂	七氯	4	0	–100
	甲氧氯	161	0	–100
二苯并呋喃	二苯并呋喃	5 104 604	91 620	–98.2
汞	汞和汞的化合物	186 718	105 769	–43.3

罗伯特·布拉德（1946— ）

试想你的社区决定建一个新的危险废料焚化场。有两个地方可以考虑：第一个在高尔夫球场的边上，和高度发展、耗资100万的住宅很近；另一个选址在一个已经衰落地区的河边，这个地区的花费很便宜，并且居住的都是穷人或没有自己家庭的少数民族。你会选择哪个地点？

这类问题很复杂，没有一个简单的答案。但是很多研究已经找出这类问题的答案，即新的焚化场、垃圾场或其他危险废料处理场很可能建在贫穷的、少数人的区域。在过去的20年间，美国的环境公平运动发展起来。这项运动是基于对美国（以及世界大部分其他地区）环境的威胁而不是按照民族和阶级的分布而分布的观点产生的。贫困的人和有色人种因为缺乏教育、社会及政治技能来争取有效的抗议而更多地居住在与这些危险废料更近的地方。罗伯特·布拉德（robert bullard）就是环境公平行动的一个领导者。

罗伯特·布拉德1946年出生于阿拉巴马州的埃尔巴（Elba），1968年在阿拉巴马A&M大学取得政府学学士学位，1972年在亚特兰大大学取得社会学硕士学位，1976年在爱荷华州立大学（Iowa State University）取得社会学博士学位。在爱荷华州就读期间，他就在爱荷华州少数民族事务办公室（Office of Minority Affair）做行政助理，负责得梅因（Des Moines）的城市规划工作，并且是爱荷华州波克县（Polk）的研究合作者。

布拉德的第一个学术工作是1976—1978年作为南得克萨斯大学城市研究中心的研究指导。1979年，布拉德和他的妻子对国家最大的废物公司之一，休斯敦的布朗宁-费里斯实业公司（Browning-Ferris Industries）提出了法律诉讼，指出其对危险废料处理的"环境种族主义"。布拉德指出，布朗宁-费里斯公司在垃圾处理地点的选取上很大程度上是基于当地居民的肤色和收入水平，而不是严格基于经济水平。4年后，布拉德发表了第一篇关于这一问题的学术论文"固体废料安置及休斯敦黑人社区"。

1978年以后，布拉德在多个大学召开了学术会议，包括莱斯大学（Rice）（1980），田纳西大学（Tennessee University）（1987—1988），加州大学伯克利分校（the University of California at Berkeley）（1988—1989），加州大学河滨分校（the University of California at Riverside）（1989—1993），加州大学洛杉矶分校（the University of California at Los Angeles）（1993—1994）。1994年，布拉德被任命为克拉克亚特兰大大学（Clark Atlanta University）社会学教授及环境公平资源中心主任。

布拉德写了很多书，这些书都成为环境公平领域的标准。

2001年报告中显示的一个有趣的现象，就是在美国处理有害废料时存在分配的不均等。确实，2001年处理的废料中有将近40%是在环保总署的10个区域内进行的，那就是由阿肯色州、路易斯安那州、新墨西哥州、俄克拉荷马州和得克萨斯州所组成的区域。而如表5-5所示，有12个州所产生的有害废料总量却占到了全国产生的废料总量的86%以上。

表5-5　2003年产生有害废料最多的州

州	产生废料的量（短吨）	占美国总量的百分数	排　名
得克萨斯州	6 585 102	21.8	1
路易斯安那州	4 559 668	15.1	2
肯塔基州	2 441 400	8.1	3
密西西比州	2 004 551	6.6	4
俄亥俄州	1 800 170	6.0	5
阿拉巴马州	1 252 012	4.1	6
新泽西州	1 236 150	4.1	7
纽约州	1 130 623	3.7	8
伊利诺伊州	1 125 485	3.7	9
印第安纳州	988 323	3.3	10

当然我们要面对的一个重要问题就是处理这些有害废料的方法。曾经处理它们的最主要的两个方式就是填埋或在水体表面专门围建一个蓄水库来存放这样的废料。但是这两种方法都存在着严重的污染，因为有时候有害废料会蒸发到空气中或是渗透进土壤并污染地表水和地下水。

从表5-6我们可以看出，如今的废物处理方式已经发生了显著的改变。其中最常见的一个方法就是深井或地下灌注，这种方法就是将废料埋藏在废弃的矿井、洞穴或其他地下建筑中，我们可以设想这些废料应该会在那里存放非常长的一段时间。

表5-6 2003年美国处理有害废料的方法

处理方法	处理的废料的吨数	占总废料的百分数
深井/地下灌注	14 479 172	34.4
含水有机物处理	5 584 326	13.3
含水无机物处理	2 127 196	5.1
填埋	1 675 669	4.0
能量回收	1 467 938	3.5
焚化	1 273 040	3.0
加固	748 077	1.1
其他处理方法	7 745 624	18.4
其他的处置	3 349 032	8.0
所有其他的方法	3 872 791	9.2

另外还可以将有害物质转化为无害物质，然后再对它们进行填埋处理的方法是“加固法”。表中所说的“加固法”是指防止有害的化学物质逃逸到周围环境中的任何物理或化学方法。

在很多情况下，废料都是被简单地密封在不渗漏的容器中，或是向其中加入一些物质或是与其他物质混合，防止废料泄漏到地面或地下水中。

被用于稳定和处理高危废弃物的物质中，最常见的有波特兰混凝土、石灰、飞尘以及水泥窑粉尘。少量的高危废弃物通常会被焚化，或者被转化为其他能源、燃料和加工品，或者被用于其他用途。

这几种高危废弃物的处理方法都会给环境带来潜在的威胁。比如，将废弃物灌注入地下洞穴或者深井里的方法往往很危险，因为注射管道有可能破裂并泄漏。焚化废弃物是一种通常被认为相对安全的处理方法，但是有毒气体有可能污染到空气。如何处理焚化废弃物后剩下的有毒灰烬是另一个需要处理的问题。

核废弃物

核废弃物是一种在放射性物质使用过程中产生的废弃物质，它主要有5种来源：核电站、工厂、医疗机构、大学研究机构以及与政府相关的设施。在这些场所中，最主要的核废弃物产生于核武器的研究及制造过程中，比如裂变式原子弹和热核弹的制造，不过，核废弃物的产生量取决于该国家的军事政策发展。武器制造及由此产生的废弃物的数据通常很难获取，因此，我们所能够获取的关于核废弃物最可靠的数据报告，一般来自上述5种来源中的非军方渠道。

与城市里的固体废弃物和工业废弃物相比，特别是与农业和矿业产生的废弃物相比，核废弃物的产生量通常很小。比如，美国的104座核电站每年产生3万短吨（约合2.7万公吨）核废弃物，相当于每年产生的高危废弃物的0.001%。但是，有更多的核废弃物会在医疗、工业和学术研究的过程中由于放射性同位素的使用而产生。

问题在于，核废弃物所包含的放射性同位素会释放出致命的致电离辐射，它可能威胁到人类的生存与生态环境的发展，这种影响将持续几百年至几千年，甚至上百亿年之久。这种辐射可能导致小范围的人群遭受致癌物质、畸形、诱变效应的影响，也可能在大范围内导致与核辐射相关的疾病甚至是死亡。

核废弃物有时会被分为两种类型：一种为低水平废弃物，一种为高水平废弃物。这两种类型的区别在于废弃物所产生的辐射强度。低水平废弃物会产生相对少量的辐射，导致与高水平废弃物相比较为轻微的健康问题。大约有99%的低剂量核废弃物产生于核电站。这样的核废弃物包括核电站里的防护衣、垃圾、被污染的水以及一些被污染的设备仪器，比如过滤器、X光仪器和烟雾警报器等等。在世界范围内，低剂量核废弃物占所有核废弃物的90%，但是它们所释放出来的核辐射仅占所有核废弃物所释放出来的核辐射的1%。

高剂量核废弃物包括已使用过的核燃料和再加工的废弃物。目前为止，铀同位素是高剂量核废弃物的主要组成部分，大概占高剂量核废弃物总量的94%，此外，钚同位素占总量的1%，其余的5%由其他元素的同位素组成。

由于各种技术上的原因，核废弃物还有其他的分类方法：

- 中等水平核废弃物，正如该名称所显示的那样，这种核废弃物所产生的辐射要低于高水平废弃物，但要高于低剂量核废弃物。它通常产生于收集和处理高剂量核废弃物和低剂量核废弃物之前两者的混合反应核过程。
- 超铀元素废弃物，得名于它们包含比铀重的主要是钚、镅和镎的同位素。由于这些同位素能够释放阿尔法粒子，它们会产生其他核废弃物的处置中不曾遇到的问题。
- 矿渣是一种铀矿石在掩埋和处理过程中产生的核废弃物。

2003年，美国总共有26个场所具有处理矿渣资格的执照。大多数这些场所都不再处理铀矿石。此外，还有24个场所已经被废弃。这些具有执照的场所存在大约2.2亿短吨（约合2亿公吨）的矿渣，而另外的24个场所存在着0.29亿短吨（约合0.26亿公吨）的矿渣。

- 失效燃料废弃物是用于形容核电站里存在的失效燃料的导管组成的废弃物。
- 防御性高水平废弃物产生于军事研究过程中，它是由于制造裂变式原子弹和热核弹而使用的铀和钚重新活跃而产生的。

低水平和高水平的核废弃物会带来不同的处理和储存问题。这些问题源于各种核废弃物包含了处在半衰期中的同位素。同位素的半衰期是指一定量的同位素衰老一半所需要的时间。大部分存在于低剂量核废弃物中的同位素的半衰期从几小时到几年不等。因此，核废弃物的处理系统需要将低剂量核废弃物隔绝不少于100年的时间。与此同时，高剂量核废弃物必须永久隔离，也就是需要被隔离大概几百年、上千年甚至更长的时间。

低剂量核废弃物的处理技术在过去的半个世纪中有了极大的发展。在20世纪50—60年代之间，人们通常将这样的核废弃物直接倾倒入垃圾场、沉淀池或者其他的露天场所。正如图5-7所显示的，在大多数情况下，核废弃物先被放入金属的鼓形圆桶或者混凝土容器中，然后再被倒入垃圾场或者沉淀池，并用各种程度的警示标志对这些容器加以封存。结果，这些低水平废弃物常常从容器中泄漏出来，污染周围的土壤和地下水。在过去的50年间，核物质使用的最糟糕的后果之一，就是大面积的土地被低剂量核废弃物的

由于还没有发现有效而持久地保存高剂量核废弃物的方法，这样的物质仍旧被保存在地下、水下或者铁桶中（如图所示），或者采用其他一些无法保证长期安全存储该物质的方法。（美国能源部/图片研究者有限公司）

图 5-7　核废弃物的处理

泄漏污染。

美国能源部萨凡纳河（Savannah River）核基地就是这样一个例子。20世纪末所进行的环境研究表明，从1953—1988年，在该基地35年的核武器制造过程中，有515个地方、310平方米的区域内掩埋了低剂量核废弃物，包括从几平方米的小场所到79万平方米的大掩埋场所。从这些掩埋场所泄漏出来的核物质污染了该地区5%的地下水。

在其他核废弃物处理的废旧场所，也发现了相似的情况。人们发现从罐子、桶和其他容器中泄漏出来的辐射物质就像四处飘散的羽毛在地下四处扩散，或者以某个方向为主要扩散方向。

如今，低剂量核废弃物的掩埋已经成为一个颇为复杂的过程。这些废弃物通常会先被压缩或者燃烧，以减小它们的体积，然后被放入严密封存的铁桶中，再将铁桶用水泥封存。在被放入罐子或者其他容器之前，核废弃物通常会与水泥或者混凝土混合加以固定。

曾经核废弃物处理的主要地点是核废弃物产生的场所或者机构，现如今，美国核能规划委员会兴建了具有执照的设施场所，专门用于低剂量核废弃物的处理。3个得到许可的处理场所分别位于南卡罗莱纳的巴恩韦尔（Barnwell）、华盛顿的汉福德（Handford）以及犹他州的克莱夫（Clive）。3个从前由核能规划委员会管理的处置场所——肯塔基州的麦克希弗莱特（Maxey Flats）、纽约的西谷（West Valley）以及伊利诺伊州的雪菲尔德（Sheffield）——已经由于环境污染问题而关闭。 有证据表明，巴恩韦尔和汉福德的泄漏问题同样影响到了环境，最终它们也将因为保护周边土壤和地下水的需要而被关闭。

毋庸置疑，高剂量核废弃物的处理是核工厂与美国政府所面临的最麻烦的难题。令人震惊的是，在美国的核工业发展了50年之后，依然没有研制出任何长久、系统解决高剂量核废弃物长期保存问题的方法。到2007年为止，所有这些高辐射且长期存活的废弃物仍旧被储存于临时的设施内，或者是被存放于它们的产生场所，以及美国政府所管理的较偏远的地区。

这些临时存放设施的建设基于这样的一个观点，那就是联邦政府最终能够提出一个完备的方案，用于收集、运输以及处理这些最为危险的放射性核废弃物。最为普通的临时存放设施系统是废弃燃料池。废弃燃料池与游泳池类似，面积大约12米×18米。

核反应堆的废弃燃料通过装满水的管道，从反应堆的地下运输到池子里，池子的表面覆盖着至少20英尺（6米）深的水。这样深度的水足以吸收废弃燃料产生的辐射，从而保护核电站的工人。

在20世纪70年代之前，业已存在的废弃燃料池已经装满了从核反应堆产生的放射性废弃物，因此，需要寻找另一种可替代的处理方法。一种常见的处理方式是干燥铁桶储存法。在干燥铁桶储存法中，被放入废料池的核废弃物在经过一年的时间后会被移除、干燥，然后被放入一种钢铁制成的圆桶中。铁桶里会注射一种气体环绕在核废弃物周围，然后铁桶被密封。接下来，铁桶会被放到第二个甚至是第三个容器中，这些容器同样会被密封。有时，铁桶还用混凝土包裹以密封。不管使用哪一种储存方法，这种掩埋方式的目的就是要防止射线从废弃燃料中泄漏出来，伤害到工人的健康，或者影响到周围的环境。

到2003年为止，在美国总共有26个废弃燃料的存储场所，分布在21个州。总共包含了4.5万短吨（4.1万公吨）放射性核废弃物，多达16万单位的废弃燃料被储存在靠近核电站的地方，或者被存储在远离核电站的某些特殊的存储场所里。有超过97%的核废弃物仍然被放在一些靠近核电站的地方，而剩余的则被运送到了远离核电站的地方。

早在核武器发展的最初年代，美国政府就已经意识到，必须寻找到有效的方法来长期储存高剂量核废弃物。1957年，国家科学学术委员会的一项研究建议，这些核废弃物应该被深埋在废弃的矿区地下，或者其他一些类似的工业场所。但是在该报告发表后25年间，报告里的建议没有得到任何的执行。此后，在1982年，美国国会通过了《核废弃物政策法案》，宣布了联邦政府关于长期存储高剂量核废弃物的大致计划。

在该计划的指导下，美国国家能源部开始在美国建造适合核废料处理的场所，用以掩埋高剂量核废弃物。最先确定的9个可以被用于处理核废料的场所名单于1983年提出，并于1986年正式被削减到3个：位于华盛顿的汉福德、得克萨斯州的戴夫史密斯县（Deaf Smith Country）以及内华达州的亚卡山（Yucca Mountain）。一年以后，国会从名单中选择亚卡山作为第一个处理点，要求能源部对该地区进行研究，以求证用该地区的山体作为掩埋地点，将核废弃物深埋在山体中以永久储存的可能性。

亚卡山的高剂量核废弃物的储存计划需要建造35英里（约合55千米）的管道，这些管道必须位于山体表面以下1 000英尺（300米）深的地方。根据设计，管道将被放置入一个位于山体底部的雪茄形人造大山洞中，山洞高于地下水位至少1 000英尺（300米）。这种设计以及该处理点所采用的其他安全措施，都是为了保证管道里的放射性物质不会泄漏以污染到地下水。

在山体的两侧，有两个入口可以通往管道。火车将核废弃物沿着轨道运送到一侧的入口，进入山体内部，然后这些核废弃物就会在山体内的管道中进行处理。废弃物的运输过程有3种形式，每一种形式都包括对这些废弃物进行三重密封，密封使用的是特制的铁管，约3英尺（5米）长，直径达5英尺（1.5米）。这些铁管十分巨大而且沉重（每根都有46~79短吨，约合42~72吨），同时还具有较高的温度和放射性，因此需要用巨型的桶架支撑。一旦放置到位，这些铁管就会被钛钢支撑的滴管覆盖，以防止地下水流到这些铁管上导致生锈。在大约100年的时间里，这些管道会用遥感技术监控，在此之后，如果一切进展顺利的话，山体两侧的入口会被封闭。按照计划，从2010年起，大约有90%的现存高剂量核废弃物约6.9万短吨（6.3万公吨）被运送到亚卡山。

这样的目标可能实现，也有可能无法完成。从1987年该计划被公布起，内华达州以及一些环境组织就开始反对这个计划。他们主要是考虑到，尽管有相当完备的防护措施，废弃物仍然有可能从容器中泄漏并污染到地下水；气候变化可能造成当地降水的增加，也增加了容器被腐蚀并释放废料的可能性；地震、地球运动或火山爆发有可能造成容器的破裂，将其中存储的废料排放到地下；废料运输到山体的过程中对运输管道沿线的社区造成的威胁也让人无法接受。

除此之外，内华达州长期争论的一个问题就是让全国50个州中的一个来接收来自全国各地所产生的所有的高剂量核废料是不公平的。而只要这项法律还不能够让这个州以及关注环境问题的团体满意，那么在亚卡山开发一个存贮全国高剂量核废料场所的计划就始终无法实现。

与此同时，核电厂还在继续生产，每年都会再产生2 000短吨（1 800吨）的高剂量核废料。

一些因素造成了现代社会固体废弃物处理问题的进一步扩大。其中之一就是化学工业的巨大发展，现在已经可以制造出更加坚固更加耐用的产品来满足商品、工业品和日用品的制造需要。这些产品已经使美国人比世界其他地区的人拥有了更让人羡慕的生活条件，但是它们也给废物处理提出了一个新的也是更有挑战性的问题：不会腐烂的产品或在损坏过程中会向空气中排放有毒副作用的产品该如何处理？作为美国固体废物处理问题的一大来源，化学工业同时也可能是最有希望解决这一问题的单位。今天的化学研究者们已经接受了这一课题，希望能够寻找到一种新的方法，在产品的使用价值消耗殆尽的时候可以将它们安全地处理掉。与此同时，化学家们还开始思考一些产品制作的新方法，使得它们在被处理时产生尽量少的固体废料并对环境造成尽量小的影响。在下一章我们将介绍这方面的一些努力。

六

绿色化学

美国密苏里州的泰晤士海滩在20世纪70年代早期还是一个位于圣路易斯以西27千米的宁静的小镇，仅有约1 200个居民。这座小镇是20世纪20年代在梅勒梅克河（Meramec River）岸边的洪泛区上建造起来的。泰晤士海滩的住宅大多数都相当简单，很多房子都建造在高脚柱上，以防被梅勒梅克河周期性的洪水泛滥所破坏。

小镇的管理者所要面对的可预知的问题很少，当地路面的灰尘问题可以算是其中一个。每年小镇的预算必须包括给路面上油的支出，用来帮助居民在路上行走时抵抗风沙的袭击。在1972年和1973年的夏天，小镇雇用了一个废油搬运工罗素·布利斯（Russell Bliss）来给街道上油。居民们认为这次交易很便宜，每加仑油仅收取6美分。

很快大家发现这桩买卖付出的代价比任何人预想的都要大。布利斯决定在他的油中添加维罗纳附近一家化工厂所产生的某些废料，这家工厂生产一种叫做“橙剂”的落叶剂，这种毒药曾经在越南战争中使用过。被处理过的街道透射出了一道奇异的紫色光，而生活在这个地区的动物开始死亡，此时居民们开始考虑如何处理这些有毒的油了。小镇的官员很快决定请来刚创立（1970年）的美国环保总署（EPA）来鉴定布利斯的上油处理法对社区造成的影响（如果有的话）。

他们很快发现布利斯使用的维罗纳的废料受到了二恶英的污染，这是一种对人类和其他动物的健康肯定会造成危害的化合物。环保总署的研究显示小镇泥土和水中的二恶英含量相当的高，这使得当地居民患上癌症以及其他疾病的威胁大增。环保总署决定与密苏里州以及联邦紧急事务管理署合作，将小镇买下并付给当地居民一定的抚恤金，使他们能够搬到别的社区开始新的生活，这也是环保总署历史上采取过的最大的一次行动之一。

根据环保总署最初的计划，清理泰晤士海滩的活动应该在1984年展开。但是一些起诉耽搁了这一活动的进程，直到1990年才正式开始，环保总署聘请了先达公司（Syntex Corporation）清除和焚化泰晤士海滩被污染的泥土，再将那里重建成一个安全的地区。这一工程在1997年6月才最终完成，最后这个地方被建设成了占地165.6万平方米、拥有66条道路的国家公园重新对外开放。

问题：向环境中排放危险的化学物质

在化工企业中，虽然生产的形式各种各样，但是都向大气圈、水

圈和岩石圈排放了大量的有害废料。这些废料的排放方式很多,一般有如下几种:

- 当有害化学物质在生产中作为未加工的原料被使用的时候,例如氯气这种毒性很大的气体,就是制造塑料、杀虫剂和除草剂、药品、纺织品和很多其他产品的重要原材料。
- 当它们作为催化剂来使用的时候,例如硫酸、氢氟酸、硫酸汞和二氯化汞。
- 当它们在反应中作为溶剂使用时。大多数有机反应物在水中是不溶解的,但是它们却在很多有机溶剂中是可溶的,而这些有机溶剂很多又都是有毒或有害的。最常见的一些有害溶剂有四氯化碳、三氯甲烷、四氯乙烯、三氯乙烯、1,1,1-三氯乙烷、苯、甲苯和二甲苯。
- 当它们作为操作中有意生产的产品或是主要产品时,例如所有的杀虫剂对某些特殊的生物体是有毒的,但它们对其他的生物体其实也是有毒的,这其中也包括了我们人类自己。
- 当它们作为生产中的伴生物被排放时。其中一个最臭名昭著的例子就是刚才提到的二恶英。
- 当它们在某种产品的使用以及/或者最终处理过程中被释放或形成时。例如大多数的塑胶制品在焚化时都会产生氯化氢气体,并且在某些情况下还会产生其他有害气体,如氰化氢和光气。

二恶英是生产有害化学物质时不小心将其排放到环境中的最经典的一个例子。二恶英这个词指的是一类有机化合物,它们的学名更准确地说应该是多氯二苯并对二恶英。这一系列化学物质是由二苯并对二恶英生成的，二苯并对二恶英的化学结构在图6-1中展示。这一化合物有73种可能的多氯衍生物，它是将二苯并对二恶英的8个氢原子中的2个或2个以上用氯原子置换后产生的。（另外还有两种一氯二苯并对二恶英，使这类分子的总数达到了75种。）在这些化合物中被研究得最彻底、毒性也最大的一种衍生物就是2，3，7，8-四氯二苯并二恶英，其化学结构式也在图中展示。2，3，7，8-四氯二苯并二恶英（2，3，7，8-TCDD）是一种无色、无臭固体结晶，它在1997年被世界卫生组织（WHO）划分为一级致癌物，也就是说它是一种“著名的致癌物质”。

二恶英有时候——但是很少——也会由自然界产生，尤其在火山爆发和森林火灾时最容易产生。在环境中它们最常见的来源是工业反应，在这些反应中它们作为其他化学变化的伴生物产生，或是

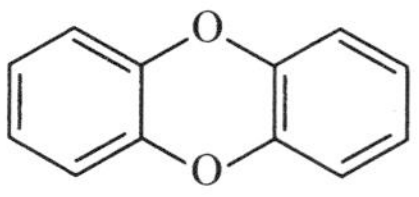

二苯并对二恶英

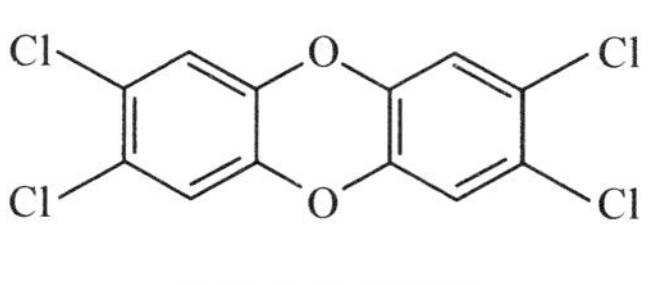

2,3,7,8-TCDD

图6-1　二苯并对二恶英和2，3，7，8-TCDD的化学结构

在某些人造有机化合物焚烧时产生。例如在落叶剂“橙剂”［一种由2，4，5–三氯苯氧基乙酸（2，4，5–T）和2，4–二氯苯氧基乙酸（2，4–D）构成的混合物］中就含有少量的作为杂质的2，3，7，8–TCDD，而这种落叶剂“橙剂”在越南战争期间被大量地使用。

在像2，4，5–T和2，4–D这些杀虫剂和除草剂的焚烧过程也会产生这些化合物。

在一些化学和工业意外中也有可能产生相对大量的二恶英气体并将其排放到空气中。1976年意大利塞韦索和1984年印度博帕尔发生的化学工厂的大爆炸就是这些意外事故中比较著名的案例。在动物饲料中有时候也有可能发现高含量的二恶英；这些饲料受污染的来源和机制目前并不是很清楚。

对于二恶英污染，最重要的问题也许就是，它已经成为目前很多国家化学生产过程中最必然的一个结果。世界卫生组织1999年关于二恶英的报告指出："实际上目前在全球各地的各种环境中都存在着二恶英，其中包括空气、土壤、水、沉积物和食物，尤其是在奶制品、肉类、鱼类和贝类中。在某些土壤、沉积物和动物体内发现的这些化合物的含量特别的高。水和空气中含量则比较低。"换句话说，全球各地的人们都已经习惯性地生活在一个充满着有害化合物的环境中，尽管它的含量很低。

毫无疑问，作为化学制造业在生产过程中产生的有害化合物，二恶英给人类和其他动物所带来的危害是独一无二的。确实，你只需要再看一遍第五章中“优先权最小化学废料”（WMPC）这部分内容就可以想象，在今天的环境中，大量的有害化学物已经成为其中最正常的组成部分了。

解决之道：绿色化学

直到最近，大多数人和几乎所有的公司都承认向环境中排放即使是最少量的有害化学物质也是让人不舒服的事情，但是为了现代化工技术的巨大成功，这又是我们不得不作出的选择。当然不会有人乐于看见在环境中存在二恶英（以及多氯联苯和多环芳烃等其他的有害化学物质）。毫无疑问，每年它们都会对全球人类的健康造成一定的危害甚至造成死亡。但是有人会对此提出质疑，他们认为与我们所得到的如此丰富、如此多样的杀虫剂、麻醉剂、芳香剂、人造食品、药品以及其他化学产品相比，付出这样的代价并不昂贵。

然而从20世纪80年代开始，少数化学家又对这种说法提出了质疑。向环境中排放有害化学物质**真的**是无法避免的吗？难道为了化学的进步我们就必须付出疾病甚至是死亡的代价吗？

一些勇敢的人站了出来，大声说出了他们内心的回答："不！"他们说，我们接受了有害化学物质的产品并将它们排放到环境中，发生这样的事情只是由于化学家们缺少想象力和进取心，他们并没有努力寻找化工产品商业生产中可供选择的另外一条适合的道路。化学家们需要在21世纪为他们自己确定一个新的目标，那就是找到一种化学制造业的新的方法使其满足：（1）更好地利用现存的原材料；（2）减少排放到环境中的有害物质的量。

对化学中这一新方法的发展起到重要推动作用的就是20世纪80年代初期兴起的"可持续发展"运动。这一运动的目的就是希望世界各国都能够找到改善人类生存环境的新方法，使全世界的人民都过得健康幸福，不会对地区或全球的环境造成威胁，这也正是“可持续发展”这个词所要表达的一个概念。为达到这一目的，1983年联合国任命了一个国际委员会专门为此出谋划策。在委员会的主席挪威总理格罗·哈莱姆·布伦特兰（Gro Harlem Brundtland）上任之后，这个委员会发表了他们的报告，题目是“我们共同的未来”。

布伦特兰报告中一个最重要的主题就是我们现在所谓的“绿色化学”的概念，在他的报告中称为“原子经济性”（有时候也被称为“原子利用率”），这是化学制造业应该接受的一个概念，只有这样才能从一开始就可以保存尽量多的原材料（从而保存更多的原子），并且在制造过程中防止材料损失（从而防止原子损失）到环境中。

最重要的一个正式的、定义明确且组织完善的绿色化学运动的独立事件，也许就是1990年美国国会正式通过的《污染防治法》（现在美国法典中第133章第42款）。这部法律的目的是为了鼓励制造业从一种不同的视角来审视自己在过去所使用的一些方法，从而去思考关于污染的问题。立法者说，与其像过去一样死盯着**清洁**生产中所产生的污染物的方法，为什么不去寻找一条**无污染**的生产之路呢？在这部法律的“结论与政策”部分，国会指出，美国每年都产生数以亿吨的污染物，而为了控制这些污染每年又得耗费成百上千亿美元。它还进一步指出目前已经找到改变污染生产的一些方法，这使得原材料的浪费和排放的污染物进一步的减少，这样对工人的健康与安全造成的威胁也比以前减轻了很多。

国会继续任命环保总署负责绿色化学方针政策的制定以及实践的开展。它交给了环保总署一些任务，包括制定一套确定制造过程中污染源减少的标准方法，协调各联邦政府共同努力以达到减少污染源的目的，鼓励并促进个体工商户减少污染源，建立一个咨询议会对减少污染源的技术进行评估，提供绿色化学的培训项目，在减少污染源的活动中如果遇到阻碍可以向国会提出申诉，以及创立一个年度评奖计划用来肯定那些在减少污染源项目中表现杰出或做出创造性工作的公司。

在这项法案通过一年以后，环保总署将这一法律的具体实施任务交给了“污染防治与有毒物品办公室”（Office of Pollution Prevention and Toxics），这个办公室成立于1977年，主要负责《有毒物质控制法》的执行，在接受了这一任务以后就开始了第一个由联邦政府资助的绿色化学项目。到1992年底，国家科学基金会也开始资助关于“对环境有益的[化学]组织与生产工艺”的研究。

绿色化学的运动还传播到了其他的国家，包括英国、澳大利亚、意大利和日本。在意大利，绿色化学方面的成就被称为INCA，意思是“环境化学”的校际工会，其中有30所大学联合在一起，为了发展对环境有益的化学制造业而共同努力工作。在英国，绿色化学项目运作的大部分经费都来自英国皇家化学协会的绿色化学合作组织（Royal Society of Chemistry's Green Chemistry Network）的赞助。这个组织最重要的成就就是在1999年创刊了《绿色化学》这本杂志。这本杂志刊登最新研究成果的报道、在绿色化学领域最新发展的评论与报道，同时还连载该领域的重要书籍。在日本，一些化学组织联合起来在1998年组成了日本“绿色与可持续发展化学合作组织”（Green & Sustainable Chemistry Network）。日本化学革新研究所（Japan Chemical Innovation Institute）则成为这一合作组织的研究总部。

美国绿色化学的组织机构

从1990年绿色化学的基本定律正式启用以来，它就已经形成了由一系列项目和机构组成的结构。例如1995年，环保总署宣布设立总统绿色化学挑战奖（Presidential Green Chemistry Challenge Awards）。这些奖项的设立是为了肯定并推动绿色化学中3个基本领域的发展：

- 化学反应替代方案的发展，例如新的催化剂；自然工艺的使用，例如光化学反应；以及无害或是对生态有益的原料的使用。
- 可替代的化学反应条件的发展，包括更有益的溶剂的使用以及对排放到环境中的各种废物更强烈的关注。
- 更安全的化学物质的使用，与现存的材料相比，这些材料的危害更小，且对工厂里的工人以及普通民众所造成的威胁也更小。

第一批获得总统绿色化学挑战奖的有4家化学公司和1个个人，这4家公司分别是法玛西亚公司（Pharmacia）（从前的孟山都公司Monsanto Company）、陶氏化学公司（Dow Chemical Company）、罗门哈斯公司（Rohm and Haas Company）以及唐拉股份公司（Donlar Corporation），获奖的个人则是得克萨斯A&M大学化学工程学系的马克·霍尔茨安普（Mark Holtzapple）教授。

1997年，在约瑟夫·J.布里恩（Joseph J. Breen）的大力支持下，一个称为"绿色化学研究所"（GCI）的以互联网为基础的虚拟的非盈利性组织创立了起来。研究所的成员都是由学术界、化工业、国家实验室以及其他组织的代表组成。研究所最初的主要目的是“促进工业-政府与大学和国家实验室合作，共同发展在经济上可持续发展的清洁生产技术”。2001年，绿色化学研究所开始与美国化学学会（ACS）讨论发展合作关系的事宜并在两年以后变成了现实，由美国化学学会提供研究所的办公场所和经费来支持研究所的工作。环保总署也加入到了与学院研究所、企业以及其他单位的合作中来，鼓励它们对环境保护的新技术开展研究。

最终，在绿色化学领域两位先驱——保罗·T. 阿纳斯塔斯（Paul T. Anastas）和麻省州立大学波士顿分校的化学教授约翰·C. 华纳（John C. Warner）的努力下，一个绿色化学运动的连贯的理论框架建立了起来。在他们《绿色化学：理论与实践》（*Green Chemistry: Theory and Practice*）的书中，阿纳斯塔斯和华纳列出了一系列指导方针，这一系列方针被人们称为“绿色化学12条原理”。这本书得到了广泛的好评，人们称赞它列出了一套覆盖范围广泛的绿色化学的目标与实践思想，并且为实践化学家们将这些理论思想转化为工业生产与研究作业中现实的应用提供了可行的方法。这些原理如下：

1. 预防：最好的方法就是预防废料的产生而不是等其产生以后再去想法处理或清洁。

2. 原子经济性：在原料转化为最终产物的过程中，应该将人工合成的方法设计达到将原料最高效地使用完的效果。

3. 减少危险化学品的合成：不管在什么方面可行，人工合成的方法都应该被设计成在使用与生产的过程中产生很少或不产生有毒物质。

4. 设计安全的化学物质：在设计化学产物时，在满足所需要的要求的同时尽量减少它们的毒性。

5. 更安全的溶剂和辅助设备：辅助物质——溶剂、分离剂以及其他物质——应该尽可能避免使用，如果必须使用也应该是无毒害的。

乔·布里恩（1942—1999）

绿色化学运动的想法能够在很大的范围内取得广泛的认可要完全归功于两个人的全心付出和毕生的努力，他们就是乔·布里恩（Joe Breen）和保罗·阿纳斯塔斯。

1942年7月22日，约瑟夫·J. 布里恩出生在康涅狄格州的沃特伯里（Waterbury）。1964年他在费尔菲尔德大学（Fairfield University）获得了学士学位，并在1972年在杜克大学（Duke University）获得了化学博士学位。越南战争期间他在美国海军陆战队服役，又在和平队工作了两年，1979年他被委派到环保总署任职。在环保总署任职期间，布里恩还担任位于马里兰州佛雷德里克（Frederick）胡德大学（Hood University）以及位于华盛顿特区的三一学院（Trinity College）和美国大学（American University）的兼职化学副教授。

布里恩一生中大部分的时间都花在了环保总署污染防治与毒品办公室（OPPT）的工作上。在OPPT里，他参与了学校与公共建筑的石棉计划（Asbestos in Schools and Public

Buildings Program）、国家人类脂肪组织调查（National Human Adipose Tissue Survey）、儿童铅中毒预防计划（Childhood Lead Poisoning Prevention Program），同时还与退伍军人管理局（Veterans Administration）合作研究越南战争中退伍老兵脂肪组织中的毒素问题。主要由于他在发展“检查我们的孩子有没有铅中毒”计划中的突出贡献，他最终赢得了环保总署的最高荣誉——金质勋章。

1995年，布里恩在华盛顿特区组织举办了世界上首次大规模的关于绿色化学的研讨会，这次会议名为“为环境设计”，邀请了美国化学学会的会员们参与讨论。有140多个发言人提交了关于绿色化学以及其他相关话题的论文。1997年，布里恩成立了绿色化学研究所（Green Chemistry Institute），这是一个非盈利性的组织，目的就是为了鼓励对环境有益的化学工艺的发展。后来美国化学学会向这一研究所提供了办公与研究的场所。

布里恩还是美国化学学会“化学与儿童”计划的创立者，这项计划鼓励专业的科学家们与少年儿童加强联系。在这一项目中，科学家们定期到各个学校访问并分成一些小组与学生们一起展开面对面的交流，让他们了解关于化学的知识以及化学在社会中所扮演的角色。布里恩还参与创办了“通过邮件学科学”的项目。在这个项目中，一些儿童个人或群体可以与专业的科学家联系，每年科学家们都可以通过3种不同的“挑战锦囊”来监督孩子们的学习，这些锦囊是为了鼓励4~9年级的孩子多参与动手实践活动而专门设计的。布里恩同时还是“社区中的化学”项目的主笔，这是一项高中化学试验计划。

1999年7月19日，布里恩死于胰腺癌。绿色化学研究所为了赞美和纪念他，特地在绿色化学计划中设立了约瑟夫·布里恩领袖奖，这一奖项可以为促进绿色化学运动的研究、教育以及推广提供一定的资金支持。另外研究所还设立了约瑟夫·布里恩纪念奖学金，为年轻化学家参与绿色化学技术会议、研讨以及培训计划提供一定的经费支持。

6. 在设计时要考虑到能效：应该要考虑到化学反应中所需要消耗的能量对环境和经济的影响，而这样的影响应该控制到最小。如果可能，人工合成过程应当在室温和大气压环境下就能发生，这样的能耗是最低的。

7. 使用可再生的原料：在技术和经济条件允许的情况下，原材料应该是可再生的而不是消耗型的。

8. 减少衍生物：不必要的衍生物（使用阻断剂、保护剂/脱除剂，以及暂时延缓物理/化学反应）产生的量应该最少或尽量避免其产生，因为这些步骤都需要额外的添加剂，同时还会产生废料。

9. 催化剂：催化试剂（尽可能选择）应该是优于化学计量的试剂。

10. 可降解的设计：化学产物应该被设计成可降解的，这样当它们被使用完后就可以被降解成无害的产物且不会长期存留在环境中。

11. 对污染防治进行实时的分析：需要对分析的方法进行进一步的发展使得其满足实时分析的需要，在过程监测与控制之前就防止有害物质的形成。

12. 本质上更安全的化学事故的预防：在一个化学反应中所使用到的物质和物质形式应该尽量选择潜在化学事故发生的可能性最小的，包括泄漏、爆炸和火灾。

绿色化学的这12个原理可以被进一步浓缩成两个主要的观点。

第一点是可持续发展性：也就是说，反应应该在产生尽可能少量的废料的情况下发生。第二点是减少废料：也就是说，反应最后产生的产物中应该含有尽量少的有毒、有害和其他废料。本章中接下来的部分就来介绍一些已经达到这一目的要求的实例。

保罗·阿纳斯塔斯（1962—　）

保罗·阿纳斯塔斯之所以被人们称为“绿色化学之父”，其中的原因有很多，很重要的一点就是他在1991年首次提出了“绿色化学”这个词。从1989年到1999年，阿纳斯塔斯就一直是美国环保总署工业化学部的部长。此后他离开了环保总署成为白宫科技政策办公室的副主任。在那个职位上，他负责处理了一系列环境问题，其中包括气候变化、绿色化学、空气质量与水质、可持续发展、汞污染、海洋问题以及环境指示剂。

1962年5月16日，保罗·阿纳斯塔斯出生在马萨诸塞州的昆西（Quincy）。后来他进入马萨诸塞州立大学波士顿分校学习，并在1984年获得自己的化学理学学士学位。随后他进入布兰德斯大学（Brandeis University）学习，并分别在1987年和1989年在有机化学领域获得了理学硕士和哲学博士的学位。他在环保总署的第一份工作就是为化学工业中发展新的分析方法与合成工艺提供咨询服务。

在环保总署，阿纳斯塔斯的职责就是以《有毒物质控制法》为根据对化学工业进行管理，同时寻找到解决有害化学物质的法规、政策与指导方针。他在发展能够补充现存绿色化学领域的一些潜在原理与实践方法方面也很活跃。在环保总署他创立了美国绿色化学项目，用来确定每年总统绿色化学挑战奖的获奖人选，他还与乔·布里恩合作创立了绿色化学研究所，将绿色化学这项事业介绍到了戈登会议（Gordon Conferences）上，他同时也是年度绿色化学与工程会议的共同创立者。

1998年，阿纳斯塔斯与约翰·C.华纳合作撰写了《绿色化学：理论与实践》一书，这本书被人们称为早期绿色化学的“圣经”。在这本书中，阿纳斯塔斯与华纳首先清楚地发表了绿色化学的12条基本原理，大大刺激了今天绿色化学领域的发展。《绿色化学》一书于2000年再版发行并被翻译成5种语言的版本。阿纳斯塔斯还是很多其他科技书籍的作者与编辑。

原子经济性

每一个学习化学的学生都对一种评价化学反应效率的方法很熟悉：产率。换句话说就是，给出反应中反应物的量来计算反应中可预知的产物的量。产率的范围很大，从某些反应接近100%到某些反应甚至不足10%。一些商业生产中很重要的产品的有机反应有时候产率都不到25%，仅凭这一点就使得它们在经济上很不被看好。

另外一种确定反应效率的方法就是原子经济性。原子经济性是一种不管反应获得的产率如何，只看原料物质（反应物或原料）来确定反应效率的方法。

我们来看用乙醇（CH_3CH_2OH）、氯化钠（NaCl）和硫酸（H_2SO_4）生产氯乙烷（CH_3CH_2Cl）的反应：

$$\mathbf{CH_3CH_2}OH+Na\mathbf{Cl}+H_2SO_4 \longrightarrow \mathbf{CH_3CH_2Cl}+NaHSO_4+H_2O$$

在这一反应式中，用黑体标出了形成所要求产物所需要的原子。正常字体标出的是那些没有直接参与产物形成的原子，这些原子也就成为“浪费”的原子。之所以被称为“浪费”的原子是由于一旦目标产物产生了，这些副产物就将通过某些方式处理掉。在这个特殊的例子中，最终的副产品硫酸氢钠和水是相对无害且对环境没有威胁的。但是在很多别的化学反应中产生的副产物是有害的，它们对动植物的生存造成了严重的威胁，从而成为污染空气和水的重要因素，也就成为污染处理中需要考虑的问题。

通过利用表6-1这个简单的表格就可以很容易地计算出已知反应中原子的利用率。

表 6-1　反应中原子经济性的计算

反应物	分子量	利用的原子	利用原子的质量	未利用原子	未利用原子的质量
CH_3CH_2OH	46	CH_3CH_2	29	OH	17
NaCl	58	Cl	35	Na	23
H_2SO_4	98	—	—	H_2SO_4	98
总计					
2C，8H，5O，1Na，1Cl，1S	202	2C，5H，1Cl	64	3H，5O，1Na，1S	138

对反应中原子经济性的更加精确的测量方法是最终产物中所使用到的反应物的质量百分数。将反应中利用到的原子质量除以反应物的总质量，就可以获得原子经济性的数值表示。用公式表示就是：

$$\text{原子经济性} = \frac{\text{被利用的所有原子的分子量}}{\text{所有反应物的分子量}} \times 100\%$$

例如：

$$\text{氯乙烷反应的原子经济性} = \frac{64}{202} = 32\%$$

也就是说，不管反应的反应率有多高，在最终产物中出现的被使用的原子仅占总原子量的不到1/3；其余2/3的原子就变成了反应的废料部分。

因此绿色化学家所要达到的一个目标，就是要找到一个能够制造出相同的反应产物但是浪费反应物中更少的原子的方法。在制造氯乙烷中一个很著名的主张就是用氯气直接和氯化乙烷（CH_3CH_3）反应，反应式如下：

$$CH_3CH_3+Cl_2 \longrightarrow CH_3CH_2Cl+HCl$$

表6-2简要列出了该反应中被利用到的原子和没有被利用到的原子。在这个案例中我们发现，这一反应中原子经济性几乎是第一个反应的两倍：

$$原子经济性 = \frac{64}{101} = 63\%$$

表6-2　另一个替代反应中计算的原子经济性

反应物	分子量	利用的原子	利用原子的质量	未利用原子	未利用原子的质量
CH_3CH_3	30	CH_3CH_2	29	H	1
Cl_2	71	Cl	35	Cl	35
总计					
2C，6H，2Cl	101	2C，5H，1Cl	64	1H，1Cl	36

在商业上目前已经被发展出来的一个原子经济性最好的例子就是制备退烧药布洛芬的反应。制备布洛芬的最初的方法是英国的布兹制药公司（Boots Company）在20世纪60年代发明的。

这种方法包含6个步骤，其中一部分的反应物和催化剂原子会“损失掉”，也就是说不会在最终产物中出现。图6-2、表6-3分别介绍了布兹公司制造布洛芬的步骤和布兹方法中利用、未利用原子的质量。我们可以发现，整个反应中的原子经济性大约在40%左右。

$$原子经济性 = \frac{206}{514} = 40\%$$

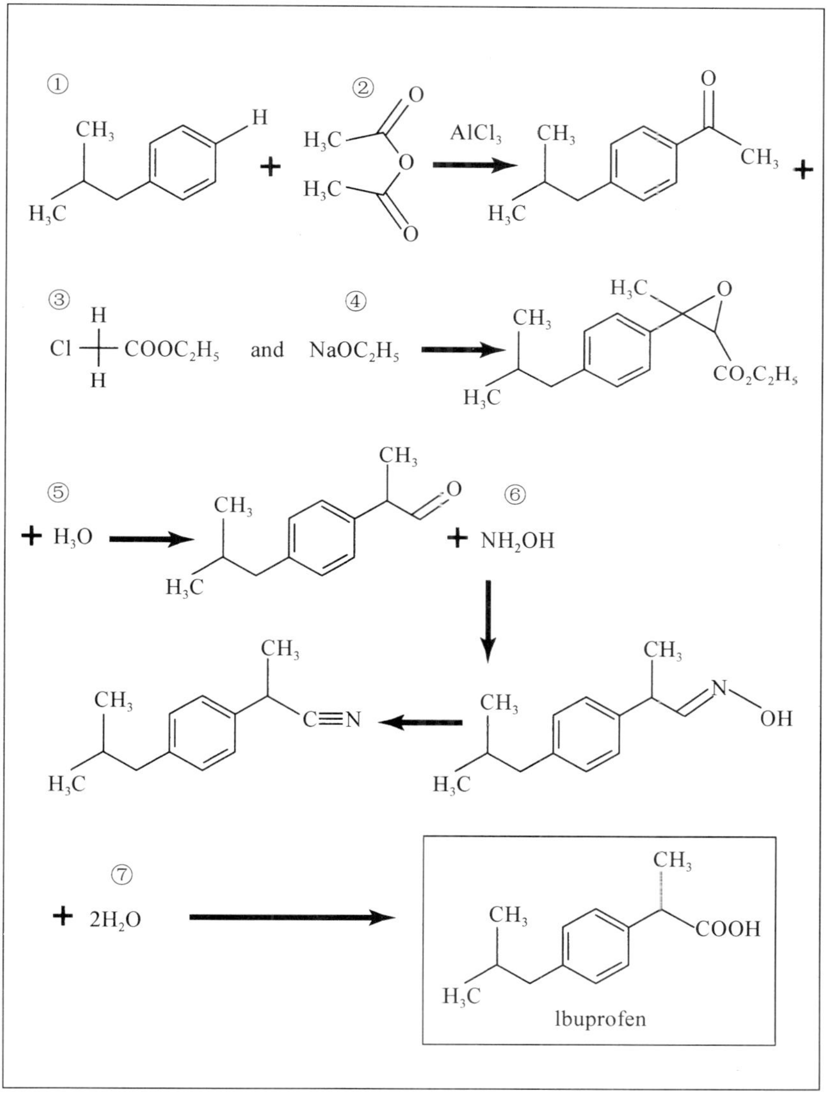

图 6–2　布兹公司制造布洛芬的方法

表6-3　布兹公司制造布洛芬的反应原子经济性

化合物	分子量	利用的原子	利用原子的质量	未利用原子	未利用原子的质量
1：$C_{10}H_{14}$	134	$C_{10}H_{13}$	133	H	1
2：$C_4H_6O_3$	102	C_2H_3	27	$C_2H_3O_3$	75
3：$C_4H_7ClO_2$	122	CH	13	$C_3H_6ClO_2$	109
4：C_2H_5ONa	68	—	0	C_2H_5ONa	68
5：H_3O	19	—	0	H_3O	19
6：NH_3O	33	—	0	NH_3O	33
7：2(H_2O)	36	HO_2	33	H_3	3
总计					
0C，42H，1N，10O，1Cl，1Na	514	13C，18H，2O	206	7C，24H，1N，8O，1Cl，1Na	308

在20世纪80年代后期，BHC公司开始研究用来替代布兹公司生产布洛芬方法的新方法，使得反应中原子的利用率更高。这一方法在1991年获得了美国的专利。这种制造布洛芬的替代方法通过图6-3进行简单阐明，而表6-4则向我们展示了通过这种替代方法使得原子经济性得到了显著提高。

$$原子经济性=\frac{206}{266}=77\%$$

这一系列反应的原子经济性几乎是最初布兹方法的两倍。如果BHC方法中步骤①的副产品醋酸被重新利用，那么这个反应的效率将提升得更多。在这种情况下，该反应的原子经济性将达到99%。由于其在布洛芬制造方法上的巨大改进，BHC公司在1997年获得了美国总统绿色化学挑战奖。

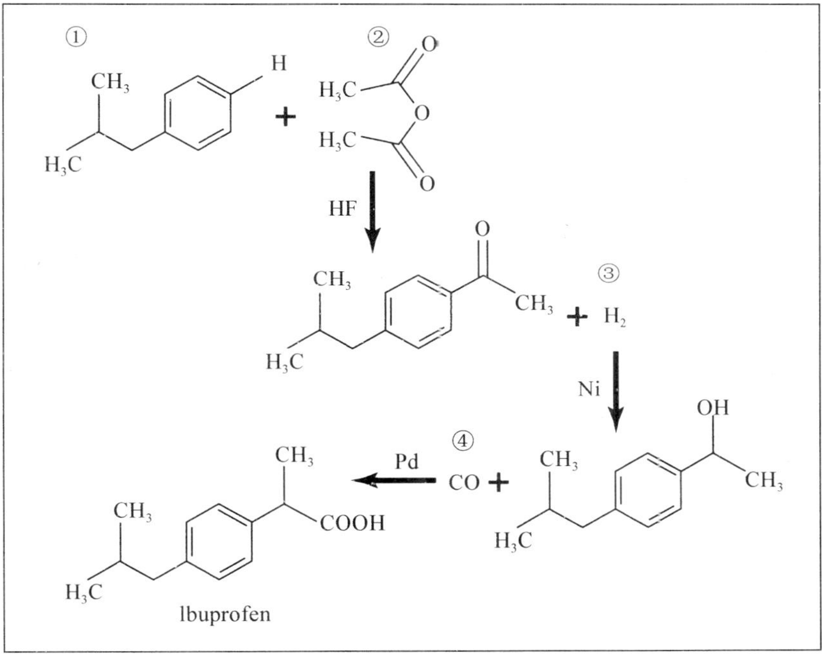

图 6-3　BHC公司制造布洛芬的方法

表 6-4　BHC公司制造布洛芬的反应原子经济性

化合物	分子量	利用的原子	利用原子的质量	未利用原子	未利用原子的质量
1: $C_{10}H_{14}$	134	$C_{10}H_{13}$	133	H	1
2: $C_4H_6O_3$	102	C_2H_3	27	$C_2H_3O_3$	75
3: H_2	2	H_2	2	—	0
4: CO	28	CO	28	—	0
总计					
15C, 22H, 4O	266	13C, 18H, 2O	206	2C, 4H, 2O	60

替代原料

在很多化学制造过程中所遇到的最棘手的问题恐怕就是生产原料本身就有毒或者有害。我们可能希望所有这些原料都能够在使用中被反应完，但是那是不可能的。在反应完成、目标产物（也许有害，也许无害）被重新利用之后，最初的一些原料会作为杂质滞留在产物中或成为制造过程中产生的废料。

对这一问题，绿色化学的解决方法就是避免使用有害的原料，使用那些对人类和环境无害的有益物质来代替那些有害原料，不管这些替代品是否会成为产物中的杂质或是废料。解决方法就是对制造己二酸［$COOH(CH_2)_3COOH$］的传统方法的改变。己二酸历来都是美国每年制造量最多的50种化学产品之一。它最初被用来制造尼龙和氨基钾酸酯泡沫。传统的制造己二酸的方法都是从苯开始，而苯又会造成一系列的健康问题，环保总署早已经将其列为A级致癌物，是人人皆知的致癌物质。

这一反应过程在图6-4中进行了描述。我们注意到在这一反应中不但使用了有害的化学物质苯，还产生了一个对环境有害的副产品——氧化二氮（N_2O）。联系到每年全世界产生的己二酸的巨大数量，我们已经可以肯定传统的方法是这一不受欢迎的温室气体的重要来源。

密歇根州立大学的克伦·M.德拉斯（Karen M. Draths）和约翰·W. 弗罗斯特（John W. Frost）已经提出了一个代替传统己二酸制造方法的新方法。由于对这项技术的改进，德拉斯和弗罗斯特在1998年获得了总统绿色化学挑战奖。他们的方法在图6-5

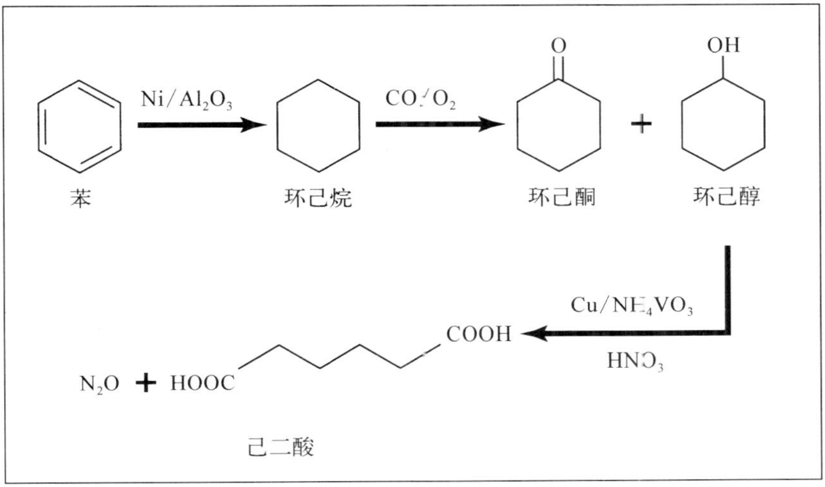

图 6-4　制造己二酸的传统方法

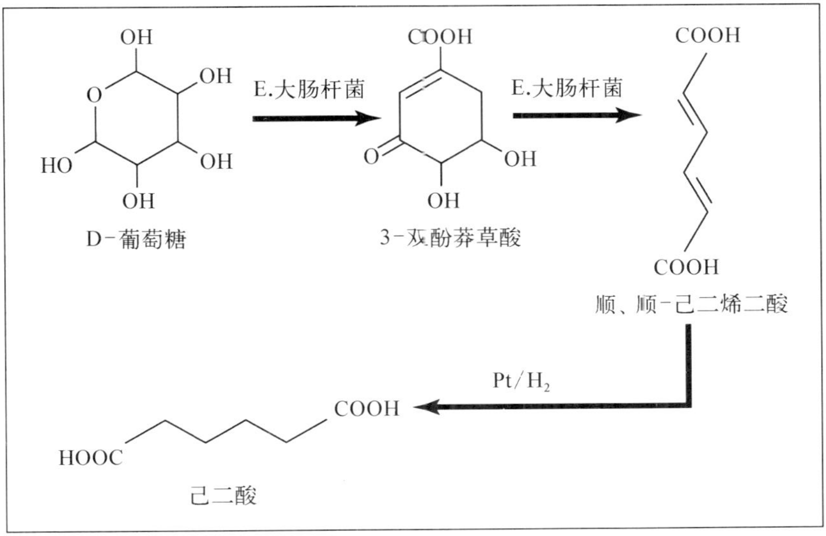

图 6-5　己二酸的绿色合成法

中有介绍，这一反应以普通的葡萄糖开始，它是一种对环境很安全的原料。另外传统的制造己二酸的反应中使用的催化剂是镍和氧化铝的混合物，而新方法中使用的催化剂与其相比，危害较小。在德拉斯-弗罗斯特过程中，最后也不会产生氧化二氮排放到空气中。

德拉斯和弗罗斯特提出的这一个替代方法十分适合环保的要求，其原因有三：首先，使用了更安全的原料（葡萄糖相对于苯）；其次，使用了更安全的催化剂（微生物相对于金属混合物）；第三，反应过程中不会产生对环境有害的副产品（氧化二氮）排放到空气中。

另一个使用替代原料的例子来自日本旭化成化学公司（Asahi Chemical）的京介小宫（Kyosuke Komiya）和他的同事们在1996年发表的报告。图6-6介绍的反应过程是制造聚碳酸酯的传统方法。聚碳酸酯是在大量的模塑产品、建筑部件、管线、管道、家用器具以及防碎玻璃中都会使用到的一种热塑性树脂。每年在全球范围内会生产将近300万短吨（2.7万吨）的聚碳酸酯，在世界上生产的工程塑料中产量排第3位。

然而制造聚碳酸酯的传统方法对环境是有一定危害的，理由有二。首先，它的起始原料之一光气是一种高毒性的化合物。另外，反应中使用的催化剂二氯甲烷（CH_2Cl_2）已经被国家职业安全与卫生协会（National Institute for Occupational Safety and Health）（NIOSH）称为“工厂中的一种潜在致癌物质”。

由于反应中需要的催化剂的量特别大，大概是反应得到的产物质量的10倍，因此这一催化剂也就造成了特别严重的问题。

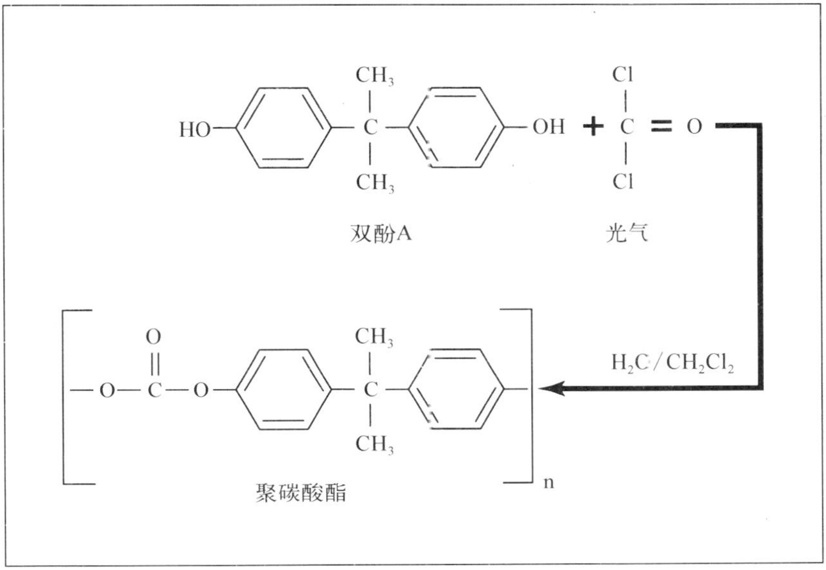

图 6-6　制造聚碳酸酯的传统方法

旭化成的替代方法的优势在于其反应中既省略了光气又完全省略了二氯甲烷。从图6-7我们可以看到，双酚 A与碳酸二苯酯以及催化剂氢氧化锂混合，随后将混合物融化。在温度达到400—600°F（200—300℃）时，就会形成黏性的聚碳酸酯聚合物的聚合体。由于该反应是可逆的，因此反应的副产物苯酚（C_6H_5OH）可以在反应中通过高真空装置去除。在真空环境下，苯酚从反应中蒸发并被回收再利用。去除苯酚还可以促使反应向右发展，促进聚碳酸酯的形成，一直到反应物用完为止。在旭化成的这种变化中，避免了光气和二氯甲烷这两种潜在的有害化学物质的使用，创造了一个更满足环保要求的化学反应。

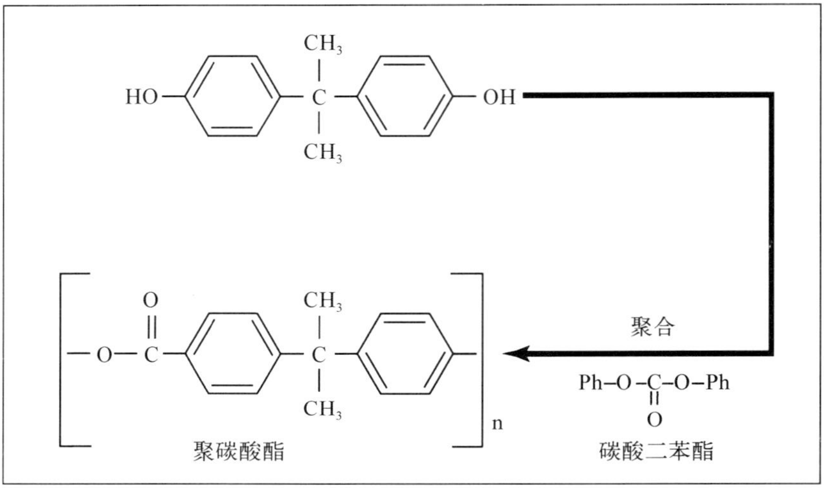

图 6–7　制造聚碳酸酯的绿色过程

催化剂

制造己二酸的德拉斯–弗罗斯特方法为我们提供了很好的例子，让我们了解到绿色化学研究领域最常见的一个目标，那就是在一种新工艺中包含一个以上绿色化学原理的能力。德拉斯和弗罗斯特在他们的反应中不仅仅寻找到了一种更安全的替代品，同时还找到了一种更安全的催化剂——埃希氏大肠菌（Escherichia Coli）。这种细菌的使用去除了传统方法中必须作为催化剂使用的有害金属。

研究者们已经发现了一系列其他方法来改进催化剂，以减少排放入环境中的有害物质的量。例如日本龙谷大学（Ryukoku University）的松田知子（Tomoko Matsudo）和他的同事们已经发现了一种制造有机羧酸化合物的方法，这种化合物是很多合成过程的第一步所需要的物质。羧化是在化合物中加入二氧化碳的过程。图6-8展示的就是传统的羧化的方法，即向苯酚离子中加入二氧化碳（柯尔贝-施密特反应）。

松田的团队使用了细菌巨大芽孢杆菌（Bacillus megaterium）使超临界状态下的二氧化碳在大约100℉（40℃）和100个大气压下发生羧化反应。这个反应让我们看到了在一个反应过程中使用了一种以上的绿色化学的原理：使用更安全的催化剂，同时使用了更安全的溶剂。（超临界状态的二氧化碳所扮演的角色相当于一个溶剂，这个原理将在下一部分内容中介绍。）

另一种"绿色"催化剂就是被称为"三叶酸"的在地球上很稀有的化合物。三叶酸这个词是三氟甲磺酸（SO_3CF_3）阳离子的缩写。

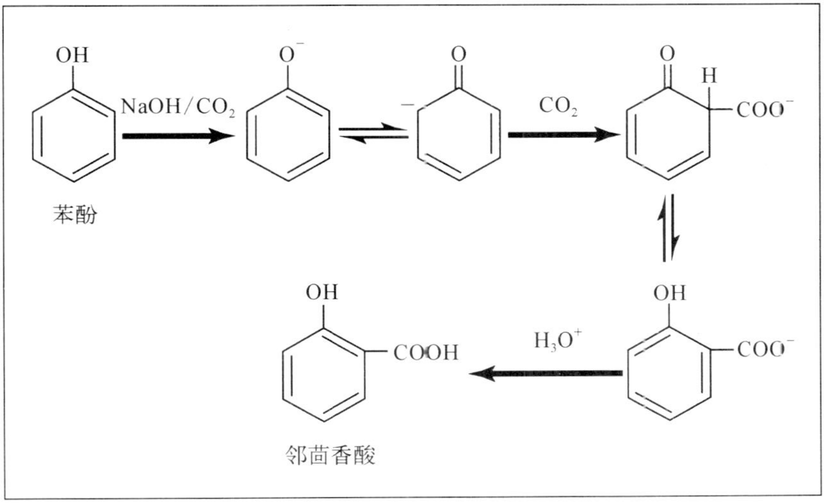

图6-8　传统的柯尔贝-施密特反应（Kolbe-Schmidt）

某种三叶酸已经在包括镧系元素、钪和铪的研究中使用到了。一种三叶酸三氟甲磺酸锂的结构如图 6–9 所示。

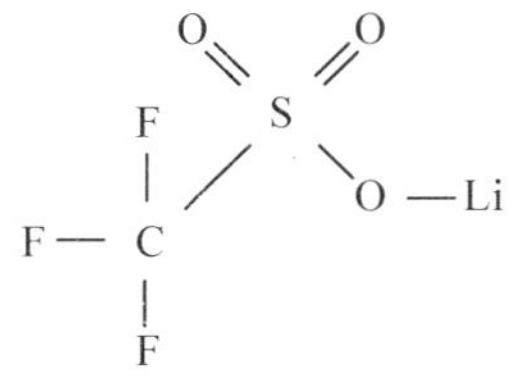

图 6–9　三叶酸锂的化学结构

安东尼 · G.M. 巴瑞特（Anthony G.M. Barret）在伦敦的帝国理工医学院（Imperial College of Science，Technology，and Medicine）和他的同事们使用了三叶酸来催化一些在商业上很重要的反应，例如芳香化合物的硝化反应和醇类的乙酰化反应（酯化作用）（参见图 6–10）。芳香化合物的硝化反应是制造燃料、塑胶和制药中十分重要的第一步。酯化作用还有很多重要的商业化需要，包括在制造人造清洁剂、乳化剂、化妆品和香水以及人工调味品中的应用。

在绿色化学中使用三叶酸的好处在于它不但可使人们避免使用有害的催化剂，三叶酸本身还可以回收再生并且很容易再利用。例如在一系列包含苯乙醇和醋酸的反应中，巴瑞特的团队发现反应的效率可以达到 95%—98%，而三叶酸的回收利用率一般不低于 98%，在大多数情况下将近 100%。这一团队在一份关于使用三叶酸作为催化剂的报告中总结到，他们使用的催化剂应该是"很容易回收再利用并且我们相信这将是未来芳香烃清洁硝化的主要步骤"［弗朗西斯 · J.沃

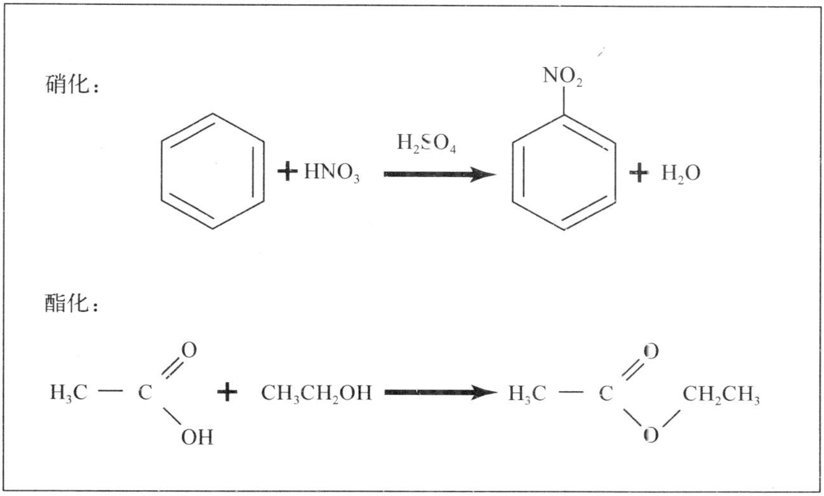

图6-10 硝化酯化反应的一个例子

勒（Francis J.Waller）等，"三叶酸镧（III）作为原子经济性的芳香硝化反应中可回收利用的催化剂的使用"，《化学通信》（1997）：613］。

另一类对环境有益的催化剂是四氨基大环配体（TAML）铁（III）催化剂，这一催化剂是美国卡内基梅隆大学绿色氧化化学研究所（Institute for Green Oxidation Chemistry at Carnegie Mellon University）的特伦斯·J. 柯林斯（Terrence J. Collins）发现的。由于柯林斯在这一催化剂研究上作出的突出贡献，1999年他获得了总统绿色化学挑战奖。TAML催化剂的结构（图6-11）是模仿自然界中产生的某些氧化酶的结构而产生的。在自然界中，这些酶可以使得木质素与纤维素和半纤维素分离，这也是造纸工艺中的一项基本操作。但是造纸工业一直是使用氯气来完成这项分离工作的，这种传统的工艺会造成每年有成百上千万吨的氯气废气被排放到环境中。TAML和过

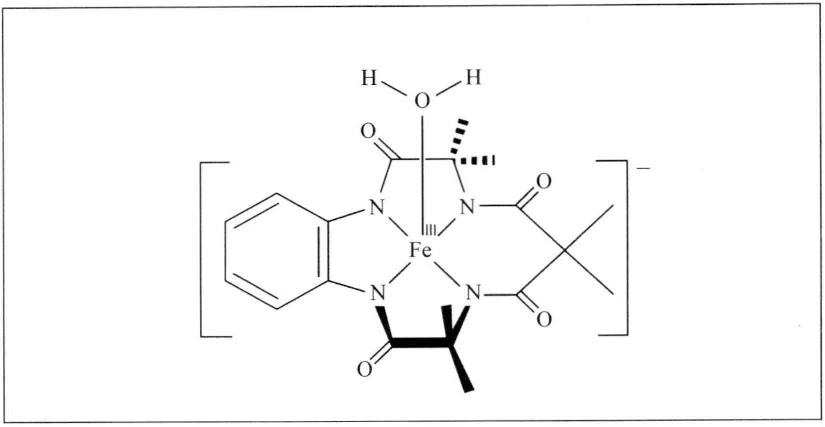

图6-11　四氨基大环配体的化学结构

氧化氢联合作用可以在大约120℉（50℃）时达到同样的分离效果，这样的造纸过程既经济，对环境也安全。

TAML催化剂在其他领域的应用也很成功。例如它们可以在合成清洁剂中作为添加剂使用，不会对织物本身的染料造成影响，但是会对从织物上释放出的染料分子发生作用。这一系列特性使得在洗衣过程中可以防止一种材料上的染料转移到另一种材料上。目前对TAML催化剂在消毒水应用方面的研究也已经展开，如果研究成功它就有可能代替现在被广泛使用的有毒的氯气和溴了。

溶剂

制造有机产品的工艺引起了绿色化学家很浓厚的兴趣，这其中的原因有很多，最主要的原因就是被用来制造这些产品的那么多原材料、反应中形成的副产品以及最终产品本身都很可能有毒或在别的方面有害。从原理来看，主要是它们需要使用有机溶剂，这些溶剂包括四氯化碳、氯仿、四氯乙烯、三氯乙烯、1，1，1-三氯乙烷、苯、甲苯和二甲苯。因此最主要的就是要寻找到一个合适的物质来代替这些有机溶剂。

当然最让人满意的一个选择必然是水，因为它从本质上来说对人类和环境都没有什么危害。问题是大多数有机物质都不溶于水。但是科学家们还是发现了一些很有希望的替代品，其中最让人激动的替代品之一就是来源广泛且对环境有益的化合物——二氧化碳。二氧化碳在有机反应中存在的状态对大多数人来说并不是很熟悉，这一状态被称为超临界状态。

二氧化碳和其他大多数物质一样都存在三种状态——固态、液态和气态，根据温度和压力的变化而变化。低温状态下，二氧化碳在几乎任何压力下都是固态的（“干冰”）；但是在温度高于–76℉（–60℃）时，二氧化碳以气体或液体形式存在，具体的状态由压力来决定。但是在某些温度和压力的联合作用下，二氧化碳（和其他物质）有可能进入第四种状态，这种状态就被称为超临界状态，它既包含液体的性质也包含气体的性质。例如超临界状态的二氧化碳（经常用$SCCO_2$、$SC-CO_2$或类似的字母缩写来表示）一般很容易扩散且黏性很低，这些性质都与气体类似，但是它同时又是很好的溶剂，这一点又和液体的性质很接近。二氧化碳转化成超临界液体的临界温度和压力分别是31.1℃（88.0℉）和73.8大气压（每立方英寸1 070磅）。

$SCCO_2$最常用在洗涤和干洗工业中，这些工业中所使用的清洁剂长期以来造成了严重的环境问题。正如今天消费者所知道的一样，很多纺织品都有一个“只可干洗”的标签来防止肥皂和水在清洗中的使用。除此之外，在一些工业生产过程中也需要使用清洁剂，使用普通的水和肥皂无法将这些肮脏的机器清洗干净。

干洗业曾经使用石油产品来作为它们的清洁剂。现在干洗业者最常用的溶剂则是一种称为全氯乙烯的化合物。仅在美国就有大约三万多干洗业者使用全氯乙烯进行清洁操作，占到了全美国这样的清洁作业的80%以上。

但是全氯乙烯在健康和环境上也有其自身的缺陷。短期接触它可能会造成头昏眼花、疲劳、头疼、出汗、协调性降低，以及对皮肤、眼睛、鼻子和喉咙的刺激；另外在一些很少见的情况下还有可能造成昏迷。这些症状一般不会发生在顾客身上，因为他们干洗完的衣服已经被完全晾干过了，但是对于干洗店的工人来说它们就有可能造成上述的威胁了。在实验动物身上所做的测试显示，这一化合物有可能造成肾脏和肝脏的损坏，另外还有一些学者担心这种化合物有可能是一种致癌物质。由于这些潜在的健康风险，干洗企业必须遵守严格的程序防止将全氯乙烯排放到大气、地下水或其他环境中。

20世纪90年代，北卡罗来纳州立大学查珀尔希尔分校（University of North Carolina at Chapel Hill）的化学教授约瑟夫·戴斯莫尔（Joseph DeSimone）提出了使用$SCCO_2$作为清洁剂替代品的设想。$SCCO_2$本身并不能作为清洁剂来使用，因为与水相比它并没有极性（或是极性很低），因此并不足以将油脂和油分子从织物上去除。但是戴斯莫尔发现了另外一类具有类似于洗洁精性质的化合物而它们又可以在$SCCO_2$中溶解。这些化合物是通过将常见的塑胶聚苯乙烯和氟化聚丙烯酸酯相结合而成。在这一混合分子中，分子一端的聚苯乙烯是憎水的（不与水结合），具有吸附油脂和汽油分子的倾向；而分子另一端的氟化聚丙烯酸酯则是亲水的（吸引水），具有吸附二氧化碳分子的倾向。通过这种方式形成的油脂-聚苯乙烯-氟化聚丙烯酸酯-二氧化碳胶束与传统清洗方式中通过水和肥皂而形成的油脂-清洁剂-水胶束（一组既包含极性分子又包含非极性分子的分子群）十分类似。

作为一种清洁剂，$SCCO_2$在环保方面有很多的优势。例如，如果它泄漏到了空气中，那么它对人类健康或周围的环境也不会造成任何的危害（唯一例外的就是它可能对气候的变化造成一定影响）。同时，目前大多数的干洗工艺中都需要对污物进行一下预处理，而在使用$SCCO_2$的系统中就不再需要这一道步骤了。最后，像皮革和绒面革这样的全氯乙烯或大多数其他现有的清洁剂无法清洗的物质，都可以用$SCCO_2$方法进行清洗。为了肯定戴斯莫尔在发展$SCCO_2$清洁工艺中所作出的贡献，1997年的总统绿色化学挑战奖就颁发给了他。

对几乎所有的绿色化学家来说，能够发展出一种可以将绿色化学12条原理全部实现的方法将会是非常有价值的一个目标。2002年，环保总署所认可的嘉吉道氏化学公司（Cargill Dow Chemical Company）所做的就是这样的一项成就。嘉吉道氏曾经对生产（Nature Works @）聚乳酸（PLA）的系统做过改进措施。聚乳酸是一类聚合体的统称，它们具有一些潜在的效用，包括在模仿自然物质的合成纤维中的使用以及制造出一系列包装物质用于各种用途等。

由于玉米是一种很容易获得的原料，是美国淀粉的主要来源，因此嘉吉道氏工艺的原料就选择了玉米，但是他们也指出其他原料也可以用于生产，包括草、小麦和稻草，在世界的其他地方可能这些原料的来源会更广泛。如图6-12所示，玉米中所含有的淀粉被水解，接着被发酵，产生乳酸。这一反应效率很高，接近100%。

这一反应只需要自然产生的酶和水，另外再添加极少量的（控制在每百万体积一份的范围内）其他催化剂。

反应第一步中所形成的乳酸随后通过传统的脱水缩合反应转化为预聚合物。这一预聚合物随后被解聚（打开）形成一个交酯分子，交酯分子本身聚合就可以形成一个高分子聚合物——聚乳酸（PLA）。这种聚乳酸可以被加工制作成各种其他的物质。嘉吉道氏所提出的可以制作的新材料包括冷饮杯、电子包装、托盘和盖子、收缩包装、信封和硬纸窗、牛奶和油的包装、时尚的衣服、运动装的布

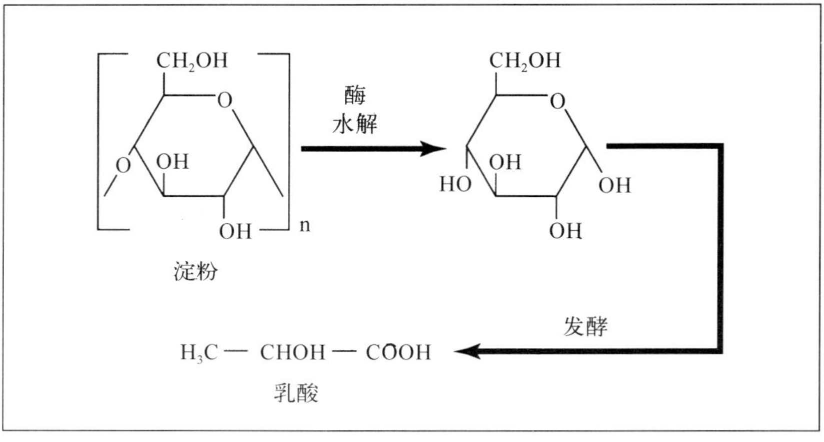

图6-12　制造乳酸的绿色过程

料、鞋垫、卫生产品、床上用品和布料的原料、装潢材料、枕头和围巾、建筑保护泡沫材料以及某些化学合成生产的原材料。

公司对他们自己能够将绿色化学的12条原理完美地融合到自己的聚乳酸合成方案中感到十分自豪。这一方案不但选用的原料来自自然界很容易获得的材料，纯天然，而且生产过程中所消耗的能量也比生产同类产品所用的传统方法要少很多；另外反应最终的产物100%是生物可降解的。在绿色化学的研究中能够做到如此，人们也已经很难提出更高的要求了，所以嘉吉道氏公司能够成为2002年总统绿色化学挑战奖的获奖者之一也就不足为奇了。

结　语

现代的环境运动相对来说还刚刚起步。在1970年的“地球日”运动之前,美国和世界其他国家都几乎没有人关注过他们赖以生存的空气和水的质量。造成这种状况的原因有很多。首先,20世纪30—40年代的生活在技术上还相当的简单。其次,当大多数发展中国家的人口处于高速增长的时候,大多数发达国家还没有产生这样的状况,直到20世纪50—60年代这样的问题才逐渐显现出来。另外,当时已经有人或政府发展并使用相对有效的方法来控制人类产生的垃圾了。在大多数情况下,当时产生的废物的量相对来说还是有限的,或者他们使用了去除和回收再利用废物的系统,又或者产生出来的这些废料的危害比较小。

正如本书前面所说的,在20世纪50—60年代,这样的情况开始发生了相当剧烈的变化。一些来源丰富的人造新产品开始供应给美国(以及欧洲和日本）高速增长的人口，而这些人又很快发展了一套所谓的“用完就扔”的生活习惯。而这套生活习惯很快就引起了严重的空气污染、水污染以及垃圾处理问题。这场垃圾处理实践革命很快引发了对一个干净安全环境的价值认同的回归，也推动了现代环境运动的大规模兴起。

那么在这个运动展开的30年时间里，它到底取得了怎样的成效呢？当然有一些鼓舞人心的成绩。臭氧损耗造成的棘手问题通过治理似乎开始好转。2002年科学评估小组发表了对《关于臭氧层消耗物质的蒙特利尔议定书》的调查报告。报告指出，由于在控制臭氧空洞问题上的努力，在过去的10年间南极和北极上空的臭氧层空洞并没有扩大；作为臭氧空洞扩大的关键因素，对流层中氯气的含量已经发生了明显的减少并且现在仍然在减少中。与此相反，虽然在制造含溴化合物的问题上全世界都已经达成了共识，且在此之后空气中溴含量（主要来自哈龙）的增长率已经开始降低，但是其含量还是保持着增长的趋势。

在解决如一氧化碳、二氧化硫和氮氧化物等对流层空气的污染问题方面取得的进步是喜忧参半的。在美国环保总署监测这些物质的这么多年中，观察家们发现，除了氮氧化物之外所有其他污染物的情况都有了一定改进。但是到2003年年中，人们开始质疑到底进步了多少。到2003年7月为止，洛杉矶地区报告的不良空气质量天数有40天，比过去10年中这类天气平均天数的两倍还多。在5年多的时间里，该地区也第一次发出了一级烟雾警报——烟雾浓度达到最危险程度的警报。反常的温暖气温是引起这一增长的主要原因，但是另一个原因则是源于那段时间在加利福尼亚州道路上增加的400万辆汽车，而其中大多数都是体积很大、能效又很低的。

大多数空气污染的类似进步并没有出现在水污染问题中。正如第四章中所介绍的一样，在过去10年中，美国可以被称为“健康”（与“危险”或“受损”相对）的湖泊、河流、江口和其他水体所占的百分数已经接近于零了。

那么美国和世界上其他国家在解决各自与共同的环境问题方面究竟有没有取得进展呢？在这一问题上可靠数据的相对缺乏使得我们很难回答这个问题。也许可以回答这个问题的最重要的一项研究是国家经济与安全替代品研究中心（National Center for Economic and Security Alternatives）在1995年所做的了。研究中心分析了空气、土地和水质所表现出来的21项被普遍认可的环境发展趋势、化学品与废料的产生以及汽车与能源的使用，随后预测了在9个发达国家中每一类指标的改进或衰退，这9个国家包括：加拿大、丹麦、法国、德国、日本、荷兰、瑞典、英国和美国。

研究所得的结果并不让人乐观。虽然所有的国家都在某些方面发生了一些进步，但是总体来说，1970—1995年的环境质量正在走向一个消极的方向。丹麦和荷兰的得分最高，环境质量分别下降了10.6%和11.4%，最糟糕的两个国家是加拿大和法国，环境质量分别下降了38.1%和41.2%。美国处在中间位置，环境质量下降了22.1%。

21世纪保护和保持自然环境的任务十分艰巨。即使现代环境运动已经发展了30多年，但是西方世界的文化还是鼓励人们多买新的、复杂精致的、设计得不耐用的产品，不用去担心生产和处理这些产品的成本。能够改变这种消费哲学的最大的希望就来自我们年轻的绿色化学家们。这一学科可以有效地反驳为了获取更多的利益，消费品就一定要是短命且浪费的这一观点。绿色化学生产出来的产品可以更有效地利用原料，产生的垃圾无害或根本不会产生垃圾，并且对消费者和制造者来说都很经济。通过促进人类管理和保护我们周围的世界，绿色化学可以为我们保护和改善自然环境带来最大的希望。